天皇家《てんのうけ》

◀後水尾天皇《ごみずのおてんのう》

夫婦《ふうふ》

●和子《まさこ》

親子《おやこ》

▼明正天皇《めいしょうてんのう》

秀忠《ひでただ》の娘《むすめ》と結婚《けっこん》して勢力《せいりょく》をのばすが、紫衣事件《しえじけん》で退位《たいい》した。

江戸幕府《えどばくふ》

初代将軍《しょだいしょうぐん》

▶徳川家康《とくがわいえやす》

関ヶ原《せきがはら》の戦《たたか》いで西軍《せいぐん》に勝利《しょうり》する。その後《ご》、江戸幕府《えどばくふ》を開《ひら》いて天下《てんか》を治《おさ》めた。

親子《おやこ》

南蛮貿易《なんばんぼうえき》

イギリス

◀ウィリアム・アダムズ

漂着《ひょうちゃく》したオランダ船《せん》の水先案内人《みずさきあんないにん》。三浦按針《みうらあんじん》と名《な》のり外交顧問《がいこうこもん》となる。

第二代将軍《だいにだいしょうぐん》

▶徳川秀忠《とくがわひでただ》

親子《おやこ》

家康《いえやす》の跡《あと》を継《つ》いだ将軍《しょうぐん》。外国《がいこく》との通商《つうしょう》を限定《げんてい》し、キリスト教《きょう》を厳《きび》しく取《と》りしまった。

シャム（タイ）

▶山田長政《やまだながまさ》

シャムの日本町《にほんまち》で活躍《かつやく》した人物《じんぶつ》。

▲国松《くにまつ》

秀忠《ひでただ》の三男《さんなん》。

仕《つか》える

第三代将軍《だいさんだいしょうぐん》

▶徳川家光《とくがわいえみつ》

戦国《せんごく》の世《よ》を経験《けいけん》

▶春日局《かすがのつぼね》

家光《いえみつ》の乳母《うば》と

◀竹千代《たけちよ》（幼《おさな》いころ）

保護者の方へ

9 江戸幕府《えどばくふ》、始動《しどう》

東京大学教授 山本博文《やまもとひろふみ》

徳川家康《とくがわいえやす》が、大阪《おおさか》の陣《じん》で豊臣秀頼《とよとみひでより》をほろぼした後《のち》、対抗《たいこう》できる大名《だいみょう》はいなくなりました。諸大名《しょだいみょう》は江戸《えど》に妻子《さいし》を置《お》き、参勤交代《さんきんこうたい》を行《おこな》うよう命《めい》じられます。政治《せいじ》は、譜代大名《ふだいだいみょう》である老中《ろうじゅう》が行《おこな》いました。こうした徳川将軍《とくがわしょうぐん》を頂点《ちょうてん》とした支配体制《しはいたいせい》が江戸時代《えどじだい》の特徴《とくちょう》です。大名《だいみょう》に対《たい》しては武家諸法度《ぶけしょはっと》で、朝廷《ちょうてい》に対《たい》しては禁中並公家諸法度《きんちゅうならびにくげしょはっと》で統制《とうせい》を行《おこな》いました。

江戸幕府《えどばくふ》は、オランダ船《せん》・リーフデ号《ごう》が豊後《ぶんご》（大分県《おおいたけん》）に漂着《ひょうちゃく》したのを契機《けいき》に、オランダやイギリスと貿易《ぼうえき》を始《はじ》めます。ルソンを本拠地《ほんきょち》としたスペイン人《じん》とも貿易《ぼうえき》を行《おこな》おうとし、朱印状《しゅいんじょう》を交付《こうふ》した大名《だいみょう》や商人《しょうにん》が貿易《ぼうえき》を行《おこな》うことも認《みと》めます。しかし、キリスト教徒《きょうと》に対《たい》しては禁教令《きんきょうれい》を出《だ》します。

厳《きび》しい弾圧《だんあつ》のなか、第《だい》3代将軍《だいしょうぐん》・家光《いえみつ》の時代《じだい》に、キリスト教徒《きょうと》の抵抗運動《ていこううんどう》である島原《しまばら》・天草一揆《あまくさいっき》が起《お》こります。このため幕府《ばくふ》は、ポルトガル人《じん》を追放《ついほう》し、ヨーロッパの国《くに》では長崎《ながさき》の出島《でじま》に商館《しょうかん》を置《お》いたオランダ人《じん》とだけ貿易《ぼうえき》することになります。

江戸時代《えどじだい》には、日本独自《にほんどくじ》の貨幣《かへい》が鋳造《ちゅうぞう》され、全国《ぜんこく》的《てき》な流通網《りゅうつうもう》も整備《せいび》されました。諸大名《しょだいみょう》が屋敷《やしき》をもち、玉川上水《たまがわじょうすい》などのインフラが整備《せいび》された江戸《えど》は、百万《ひゃくまん》都市《とし》に発展《はってん》していきました。戦《たたか》いがなくなったことによる社会《しゃかい》の変化《へんか》を考《かんが》えさせてください。

1636年《ねん》

歴史《れきし》写真館《しゃしんかん》

イメージをつかもう!

日光東照宮《にっこうとうしょうぐう》では、東照大権現《とうしょうだいごんげん》という徳川家康《とくがわいえやす》を神格化《しんかくか》した神様《かみさま》を祭《まつ》っているよ。第《だい》2代将軍《だいしょうぐん》・秀忠《ひでただ》が家康《いえやす》を祭《まつ》り、第《だい》3代将軍《だいしょうぐん》・家光《いえみつ》が陽明門《ようめいもん》などの社殿群《しゃでんぐん》を造《つく》らせたよ。

徳川家康《とくがわいえやす》が神様《かみさま》に!?

［江戸時代《えどじだい》］

日光東照宮《にっこうとうしょうぐう》

一九九九年《ねん》に「日光《にっこう》の社寺《しゃじ》」として、輪王寺《りんのうじ》や二荒山神社《ふたらさんじんじゃ》などとともに、東照宮《とうしょうぐう》は世界遺産《せかいいさん》に登録《とうろく》された。

歴史《れきし》の舞台《ぶたい》となった場所《ばしょ》

江戸城《えどじょう》

天下一《てんかいち》の城《しろ》

これは『江戸図屏風《えどずびょうぶ》』だよ。徳川家光《とくがわいえみつ》のころの江戸《えど》の様子《ようす》がにぎやかにえがかれているんだ。

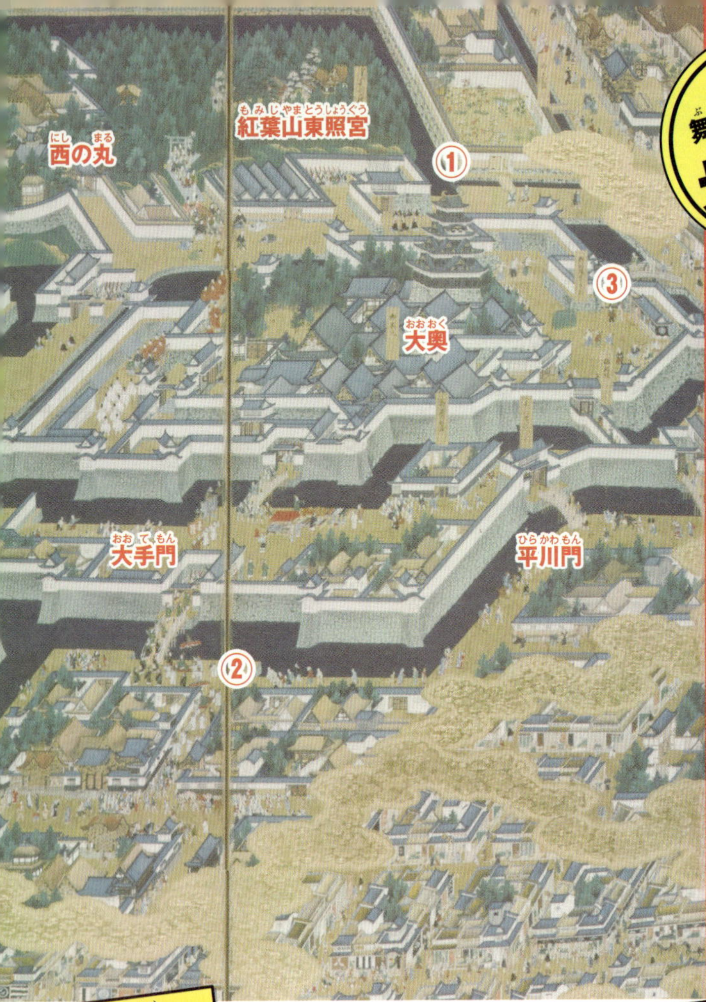

忠臣蔵《ちゅうしんぐら》も江戸城《えどじょう》での出来事《できごと》

映画《えいが》やドラマの題材《だいざい》になる「忠臣《ちゅうしん》蔵《ぐら》」。事件《じけん》が起《お》きる"松《まつ》の廊下《ろうか》"は江戸城《えどじょう》にあったよ。ふすまいっぱいに松林《まつばやし》の絵《え》がえがかれていたことから"松《まつ》の廊下《ろうか》"とよばれたんだ。

広《ひろ》さは約《やく》115万《まん》m²！

現在《げんざい》、江戸城跡《えどじょうあと》は皇居《こうきょ》になっているよ。

①本丸天守《ほんまるてんしゅ》

天守《てんしゅ》は高《たか》さ59mもあった！

ここにえがかれている天守《てんしゅ》は第《だい》3代将軍《だいしょうぐん》・家光《いえみつ》のときに建《た》てられたもの。とても立派《りっぱ》な天守《てんしゅ》だけど、江戸時代最大《えどじだいさいだい》の火災《かさい》といわれる、1657年《ねん》の「明暦《めいれき》の大火《たいか》」で焼失《しょうしつ》してしまったんだ。それ以降《いこう》、天守《てんしゅ》が再建《さいけん》されることはなかったよ。

②朝鮮通信使《ちょうせんつうしんし》

大手門《おおてもん》から江戸城内《えどじょうない》に向《む》かう朝鮮通信使《ちょうせんつうしんし》の行列《ぎょうれつ》が見《み》えるよ。江戸時代《えどじだい》、朝鮮通信使《ちょうせんつうしんし》は十二回来訪《かいらいほう》している。家光《いえみつ》の時代《じだい》には、江戸《えど》を三回訪《かいおとず》れたよ。

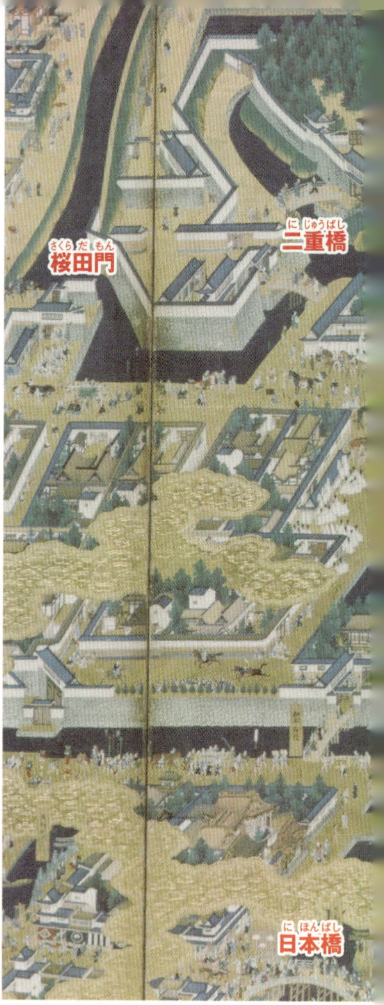

③敷地内《しきちない》のいろいろな人《ひと》たち

鉄砲《てっぽう》の手入《てい》れや弓《ゆみ》の練習《れんしゅう》をしている人《ひと》がいるよ。

石垣《いしがき》の印《しるし》

皇居《こうきょ》の石垣《いしがき》をよく見《み》ると、印《しるし》がついたものがあるよ。これは石《いし》を運《はこ》んだ大名《だいみょう》の印《しるし》だ。

時代《じだい》のカギをにぎる人物《じんぶつ》

江戸幕府《えどばくふ》の初代将軍《しょだいしょうぐん》 徳川家康《とくがわいえやす》

江戸幕府《えどばくふ》を開《ひら》いた徳川家康《とくがわいえやす》。ここでは家康《いえやす》にゆかりのあるものを紹介《しょうかい》するよ。

▲成人《せいじん》の平均死亡年齢《へいきんしぼうねんれい》が60歳《さい》くらいともいわれる江《え》戸時代《どじだい》、家康《いえやす》は長寿《ちょうじゅ》として有名《ゆうめい》で、75歳《さい》まで生《い》きたんだ。自分《じぶん》の薬草園《やくそうえん》をもっていたり、食事《しょくじ》に気《き》をつかったり、今《いま》でいうところの「健康《けんこう》オタク」だったよ。

めがね

久能山東照宮博物館

▲べっこう（ウミガメの一種《いっしゅ》、「タイマイ」の甲《こう》羅《ら》）でできためがね。とてもオシャレ！

えんぴつ

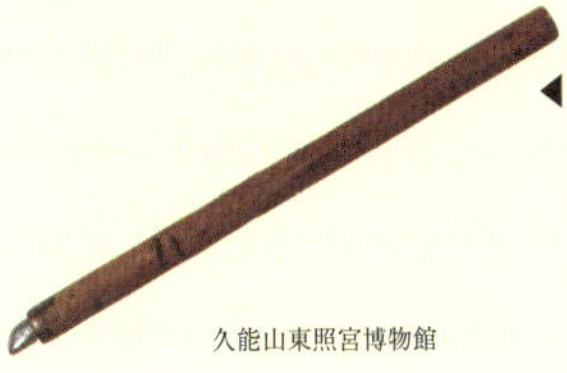

久能山東照宮博物館

◀日本《にほん》でいちばん古《ふる》いえんぴつといわれている、家康《いえやす》のえんぴつだよ。約《やく》6cmで、しんはメキシコ産《さん》、持《も》ち手《て》の部分《ぶぶん》はかしの木《き》が使《つか》われている。スペインからおくられたものという説《せつ》もあるけれど、くわしいことは分《わ》かっていないんだ。

鎧《よろい》

日光東照宮宝物館

◀家康《いえやす》が関ヶ原《せきがはら》の戦《たたか》いのときに身《み》につけていたといわれる鎧《よろい》（南蛮胴具足《なんばんどうぐそく》）だよ。銃撃戦《じゅうげきせん》にも対応《たいおう》できるほど、じょうぶなもの。

洋時計《ようどけい》

久能山東照宮博物館

▲難破《なんぱ》したスペイン船《せん》を助《たす》けたお礼《れい》として、スペイン国王《こくおう》から家康《いえやす》におくられた時計《とけい》。ほとんど手《て》が加《くわ》えられておらず、16世紀当時《せいきとうじ》の最高技《さいこうぎ》術《じゅつ》がつまった、とても貴重《きちょう》なものだよ。

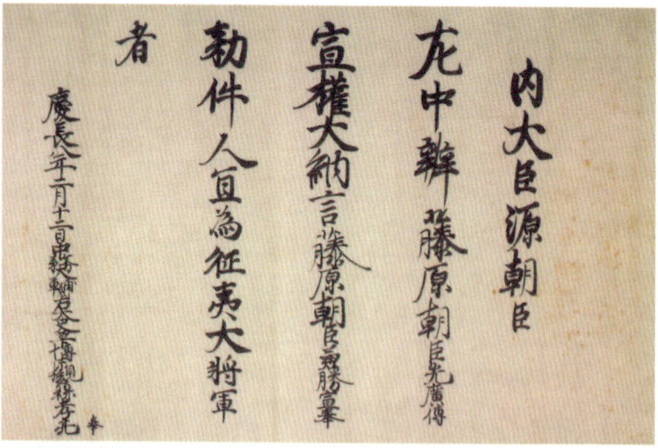

内大臣源朝臣

右中弁藤原朝臣光廣傳

宣権大納言藤原朝臣兼勝奉

勅件人宜為征夷大将軍

者

慶長八年二月十二日 … 奉

日光東照宮宝物館

征夷大将軍任命書《せいいたいしょうぐんにんめいしょ》

◀内大臣源 朝臣《ないだいじんみなもとのあそん》（家康《いえやす》）を征夷大《せいいたい》将軍《しょうぐん》とします、と書《か》かれている。朝廷《ちょうてい》から任命《にんめい》されて、名実《めいじつ》ともに幕府《ばくふ》のリーダーになるんだ。

比《くら》べて発見《はっけん》 東照宮《とうしょうぐう》

東照宮《とうしょうぐう》は全国《ぜんこく》にある！

家康《いえやす》を祭《まつ》っている神社《じんじゃ》を“東照宮《とうしょうぐう》”というよ。家康《いえやす》は、自分《じぶん》の遺体《いたい》は久能山《くのうざん》（静岡市《しずおかし》）に埋葬《まいそう》し、一周忌《いっしゅうき》を過《す》ぎたら日光《にっこう》に神《かみ》として祭《まつ》るように遺言《ゆいごん》したんだ。久能山東照宮《くのうざんとうしょうぐう》は秀忠《ひでただ》、今《いま》の日《に》光東照宮《こうとうしょうぐう》は家光《いえみつ》によって建《た》てられたものだよ。

日本《にほん》と世界《せかい》のつながり
外交《がいこう》

幕府《ばくふ》の貿易最前線《ぼうえきさいぜんせん》
出島《でじま》と鎖国《さこく》の完成《かんせい》

十九世紀《せいき》の長崎港《ながさきこう》をえがいた『長崎港図《ながさきこうず》』。今回《こんかい》はその一部《いちぶ》を拡大《かくだい》して紹介《しょうかい》するよ。

出島《でじま》だけじゃない！

琉球《りゅうきゅう》との外交《がいこう》の様子《ようす》

琉球王国《りゅうきゅうおうこく》の使節団《しせつだん》の様子《ようす》だよ。薩摩藩《さつまはん》は琉球《りゅうきゅう》と、松前藩《まつまえはん》は蝦夷地《えぞち》と、対馬藩《つしまはん》は朝鮮《ちょうせん》と交易《こうえき》していた。外国《がいこく》と交流《こうりゅう》できた場所《ばしょ》は出島《でじま》だけではなかったんだね。

このころの日本《にほん》は鎖国《さこく》といって、外国《がいこく》との交流《こうりゅう》を極端《きょくたん》に制限《せいげん》していたんだ。そんな中《なか》、数少《かずすく》ない貿《ぼう》易拠点《えききょてん》として許《ゆる》されていたのが出島《でじま》だ。

①出島《でじま》

1636年《ねん》に完成《かんせい》した扇《おうぎ》の形《かたち》をした人《じん》工《こう》の島《しま》で、1周《しゅう》は約《やく》560m、面積《めんせき》は約《やく》1万《まん》5千《せん》m^2。今《いま》の価値《かち》で、およそ4億円《おくえん》をかけて造《つく》られたよ。

②長崎奉行所西役所《ながさきぶぎょうしょにしやくしょ》

江戸幕府《えどばくふ》が直轄領《ちょっかつりょう》の長崎《ながさき》においた奉行所《ぶぎょうしょ》で、長崎奉行《ながさきぶぎょう》が治《おさ》めたんだ。出島《でじま》のすぐそばにあって、オランダや清《しん》との貿易《ぼうえき》の管理《かんり》もしていたよ。

③新地蔵所《しんちくらしょ》

長崎港《ながさきこう》の一部《いちぶ》をうめ立《た》てて造《つく》った倉庫街《そうこがい》。輸出入《ゆしゅつにゅう》の品《しな》を収《おさ》めたんだ。

④オランダ商館《しょうかん》

オランダ商館《しょうかん》では、商館長《しょうかんちょう》（カピタン）や事務員《じむいん》など15人《にん》くらいが生《せい》活《かつ》していたんだ。通訳《つうやく》など、たくさんの日本人《にほんじん》も働《はたら》いていたよ。

⑤オランダ船《せん》

オランダとの貿易《ぼうえき》で、日本《にほん》は薬品《やくひん》の原料《げんりょう》、砂糖《さとう》、外国《がいこく》の書物《しょもつ》などを得《え》た。じゃがいもは、オランダ船《せん》がジャカルタから運《はこ》んできたそうだよ。

日本《にほん》から輸出《ゆしゅつ》された焼《や》き物《もの》は西洋《せいよう》で大人気《だいにんき》！

佐賀県立九州陶磁文化館所蔵

⑥唐人屋敷《とうじんやしき》

交易《こうえき》をしていた中国人《ちゅうごくじん》が住《す》むための地域《ちいき》だよ。今《いま》でいうところの中華街《ちゅうかがい》だね。

9 江戸幕府《えどばくふ》、始動《しどう》

江戸時代前期《えどじだいぜんき》

山本博文先生《やまもとひろふみせんせい》

江戸時代《えどじだい》にやってきたよ! 豊臣秀吉《とよとみひでよし》の死後《しご》、天下《てんか》を統《とう》一《いつ》した徳川家康《とくがわいえやす》は朝廷《ちょうてい》から征夷大将軍《せいいたいしょうぐん》に任命《にんめい》され、ここ江戸《えど》に幕府《ばくふ》を開《ひら》いたんだ。

※現在の資料をもとにかきおこした想像図です。

あの大《おお》きな城《しろ》が将軍《しょうぐん》の住《す》む江戸城《えどじょう》ね！
大名行列《だいみょうぎょうれつ》だ！将軍《しょうぐん》へあいさつに行《い》くところかな？

A
家康《いえやす》が幕府《ばくふ》を開《ひら》いてから
江戸時代《えどじだい》はなんと
二百《ひゃく》六十五年《ねん》も続《つづ》いたんだ
すごい！
どうしてそんなに
長《なが》く続《つづ》いたのかしら
B
理由《りゆう》はいろいろある
たとえば幕府《ばくふ》は
重要都市《じゅうようとし》を直接支配《ちょくせつしはい》し
大名《だいみょう》たちの配置《はいち》も
工夫《くふう》した
要所《ようしょ》に
信頼《しんらい》できる大名《だいみょう》を
置《お》いたんだね！
C
ほかには
身分制度《みぶんせいど》
武士《ぶし》がほかの身分《みぶん》を
厳《きび》しく支配《しはい》することで
戦国時代《せんごくじだい》のような
下剋上《げこくじょう》を防《ふせ》いだ
D
さらに大名《だいみょう》には
一年《ねん》おきに江戸《えど》と領地《りょうち》を
往復《おうふく》させる参勤交代《さんきんこうたい》を
課《か》した！　こうした
制度《せいど》によって…
幕府《ばくふ》は大名《だいみょう》を
支配《しはい》したんだね

歴代徳川将軍《れきだいとくがわしょうぐん》が住《す》んだ江戸城《えどじょう》 A

江戸城《えどじょう》を囲《かこ》む大名屋敷《だいみょうやしき》 B

町民《ちょうみん》を追《お》いはらう武士《ぶし》 C

将軍《しょうぐん》へのあいさつに向《む》かう大名行列《だいみょうぎょうれつ》 D

加賀藩《かがはん》 大名行列図屏風《だいみょうぎょうれつずびょうぶ》

加賀藩《かがはん》の大名行列《だいみょうぎょうれつ》の様子《ようす》をえがいた屏風絵《びょうぶえ》。

もう一歩《いっぽ》ふみこもう

すごい人数《にんずう》の行列《ぎょうれつ》！参勤交代《さんきんこうたい》ってお金《かね》もかかりそうね…
しかも大名《だいみょう》の妻子《さいし》は人質《ひとじち》として江戸《えど》に住《す》まなければいけなかった
大名《だいみょう》の行動《こうどう》はいつも見《み》られていたってわけか！

江戸幕府《えどばくふ》がどのように大名《だいみょう》や庶民《しょみん》をおさえ太平《たいへい》の世《よ》を作《つく》ったのか追《お》っていこう！

ここをおさえよう

天下統一《てんかとういつ》を果《は》たした豊臣秀吉《とよとみひでよし》の死後《しご》、**徳川家康《とくがわいえやす》**が江戸《えど》に幕府《ばくふ》を開《ひら》いた。

幕府《ばくふ》は大名《だいみょう》の配置《はいち》を工夫《くふう》し、武士《ぶし》、農民《のうみん》、町人《ちょうにん》など**身分制度《みぶんせいど》**を強化《きょうか》した。

参勤交代《さんきんこうたい》で大名《だいみょう》の妻子《さいし》は江戸《えど》で暮《く》らすことを強《し》いられるなど、強《つよ》い大名統制《だいみょうとうせい》が行《おこな》われた結果《けっか》江戸幕府《えどばくふ》は265年《ねん》も続《つづ》くこととなった。

角川まんが学習シリーズ

日本の歴史 9

江戸《えど》幕府《ばくふ》、始動《しどう》 ●江戸《えど》時代《じだい》前期《ぜんき》

監修《かんしゅう》：山本博文《やまもとひろふみ》
カバー・表紙《ひょうし》：川元利浩《かわもととしひろ》
まんが作画《さくが》：備前《びぜん》やすのり

もくじ

※色《いろ》のついている時代《じだい》を取《と》り上《あ》げるよ！

旧石器《きゅうせっき》時代《じだい》	縄文《じょうもん》時代《じだい》	弥生《やよい》時代《じだい》	古墳時代《こふんじだい》	飛鳥時代《あすかじだい》	奈良《なら》時代《じだい》	

およそ四万年前《まんねんまえ》
およそ一万二千年前《まんせんねんまえ》
紀元前《きげんぜん》四世紀《せいき》ごろ
二〇〇
五〇〇
六〇〇
七〇〇
八〇〇

保護者《ほごしゃ》の方《かた》へ

●本書《ほんしょ》は、文部科学省《もんぶかがくしょう》の新学習指導要領《しんがくしゅうしどうようりょう》「生《い》きる力《ちから》」にもとづき編集《へんしゅう》しています。
●まんがは、史実《しじつ》にもとづき構成《こうせい》していますが、文中《ぶんちゅう》の会話《かいわ》や背景《はいけい》・服装《ふくそう》など、正確《せいかく》な記録《きろく》が残《のこ》っていないものについては、まんがとして読《よ》みやすく楽《たの》しんでいただけるよう独自《どくじ》に表現《ひょうげん》している部分《ぶぶん》もあります。

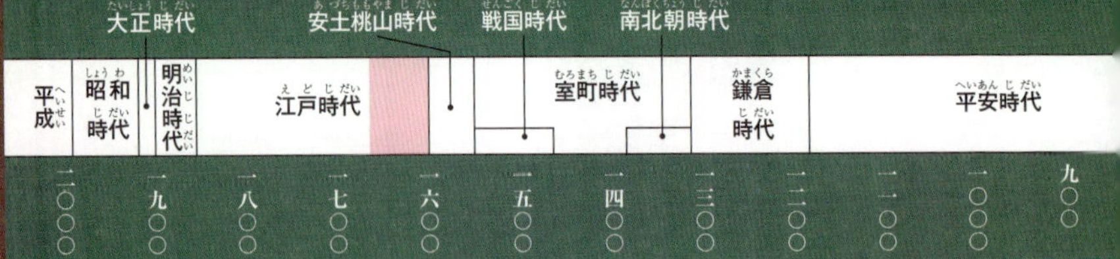

●人名《じんめい》、地名《ちめい》、事件名《じけんめい》などの表記《ひょうき》は、小《しょう》・中学校《ちゅうがっこう》の教科書《きょうかしょ》にもとづいています。
●年代《ねんだい》は、原則《げんそく》として西暦《せいれき》で表《あらわ》しています。年代《ねんだい》や人物《じんぶつ》の生没年《せいぼつねん》については、さまざまな説《せつ》がある場合《ばあい》、最《もっと》も一般的《いっぱんてき》なものを採用《さいよう》しました。
●歴史上《れきしじょう》の人物《じんぶつ》の年齢《ねんれい》は数《かぞ》え年《どし》（生《う》まれたときを一歳《さい》として、以降《いこう》一月一日《がつついたち》をむかえるたびに一歳《さい》ずつ年齢《ねんれい》を加《くわ》える数《かぞ》え方《かた》）で表記《ひょうき》しています。
●表記《ひょうき》は、現代仮名《げんだいかな》づかいを用《もち》いています。そして読《よ》みやすいように、すべての漢字《かんじ》にふりがなをつけています。

イラスト：吉崎観音《よしざきみね》

第《だい》1章《しょう》 徳川《とくがわ》家康《いえやす》と江戸《えど》幕府《ばくふ》

日本《にほん》らしい「和《わ》の文化《ぶんか》」
といわれるものの
多《おお》くは江戸時代《えどじだい》に
形作《かたちづく》られた。

これから二百《ひゃく》六十五年間《ねんかん》
続《つづ》くことになる
この時代《じだい》を作《つく》ったのが
この男《おとこ》――
徳川家康《とくがわいえやす》である。
時代《じだい》を変《か》える!!
江戸幕府初代将軍《えどばくふしょだいしょうぐん》
徳川家康《とくがわいえやす》
（在職《ざいしょく》1603～05年《ねん》）

一六〇〇年《ねん》
大阪城《おおさかじょう》 西《にし》の丸《まる》の天守《てんしゅ》
関《せき》ヶ《が》原《はら》の戦《たたか》いは一日《にち》で決着《けっちゃく》がつきましたな
家康様《いえやすさま》率《ひき》いる東軍《とうぐん》の勝利《しょうり》でございます！
西軍《せいぐん》の石田三成《いしだみつなり》はとらえ毛利輝元《もうりてるもと》は大阪城《おおさかじょう》から出《で》ていきました
うむっ！
だがわしにはまだやることが山《やま》ほどあるのだ！

一六〇三年《ねん》
朝廷《ちょうてい》から
征夷大将軍《せいいたいしょうぐん》に
任命《にんめい》された家康《いえやす》は
江戸《えど》に幕府《ばくふ》を開《ひら》くと
以前《いぜん》から進《すす》めていた
江戸《えど》の城下町《じょうかまち》の工事《こうじ》
に加《くわ》え、江戸城《えどじょう》の大規模《だいきぼ》
改築《かいちく》にもとりかかる。
全国《ぜんこく》から大名《だいみょう》を集《あつ》め
一大事業《いちだいじぎょう》＊「天下普請《てんかぶしん》」
を開始《かいし》した。
江戸《えど》を
天下一《てんかいち》の町《まち》に
するぞ

＊天下普請《てんかぶしん》…幕府《ばくふ》が諸大名《しょだいみょう》に命令《めいれい》して行《おこな》わせた土木工事《どぼくこうじ》のこと。

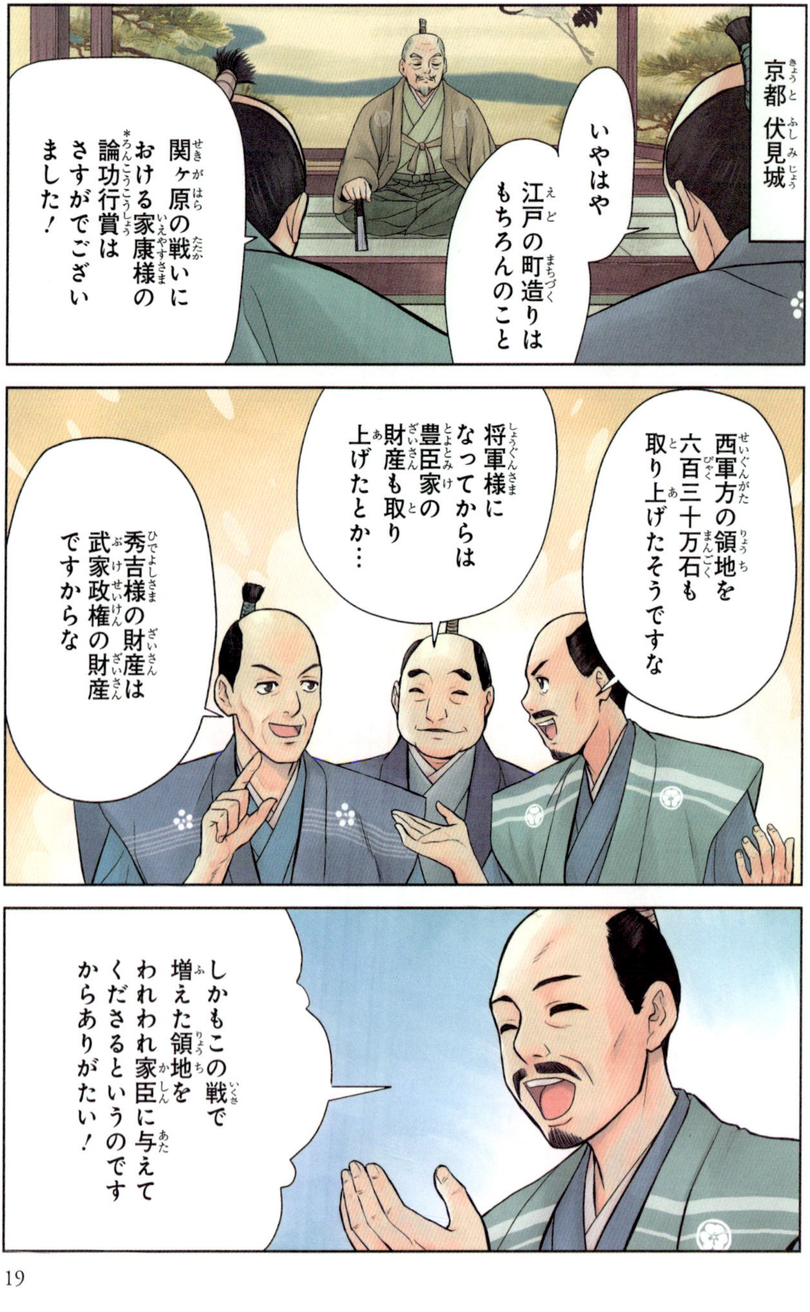
京都《きょうと》 伏見城《ふしみじょう》
いやはや 江戸《えど》の町造《まちづく》りはもちろんのこと
関ヶ原《せきがはら》の戦《たたか》いにおける家康様《いえやすさま》の*論功行賞《ろんこうこうしょう》はさすがでございました！
西軍方《せいぐんがた》の領地《りょうち》を六百《ぴゃく》三十万石《まんごく》も取《と》り上《あ》げたそうですな
将軍様《しょうぐんさま》になってからは豊臣家《とよとみけ》の財産《ざいさん》も取《と》り上《あ》げたとか…
秀吉様《ひでよしさま》の財産《ざいさん》は武家政権《ぶけせいけん》の財産《ざいさん》ですからな
しかもこの戦《いくさ》で増《ふ》えた領地《りょうち》をわれわれ家臣《かしん》に与《あた》えてくださるというのですからありがたい！

＊論功行賞《ろんこうこうしょう》…手柄《てがら》の有無《うむ》や大《おお》きさに応《おう》じてほうびを与《あた》えること。

家康《いえやす》はそれぞれの
立場《たちば》に応《おう》じて領地《りょうち》を
与《あた》え
なかでも一万石以上《まんごくいじょう》の
*石高《こくだか》を得《え》た将軍直属《しょうぐんちょくぞく》の
武士《ぶし》のことを
「大名《だいみょう》」とよんだ。
フフン

大名《だいみょう》の治《おさ》める
領地《りょうち》と支配《しはい》の組織《そしき》を
「藩《はん》」とよび
立場《たちば》の違《ちが》いによって
大名《だいみょう》を配置《はいち》した。
大名《だいみょう》
藩《はん》

徳川《とくがわ》の血縁《けつえん》
親藩《しんぱん》
関ヶ原《せきがはら》の戦《たたか》い以前《いぜん》からの味方《みかた》
譜代大名《ふだいだいみょう》
関ヶ原《せきがはら》の戦《たたか》い後《ご》に従《したが》う
外様大名《とざまだいみょう》
江戸《えど》の近《ちか》くや重要《じゅうよう》な領地《りょうち》
大《おお》きな外様大名《とざまだいみょう》の近《ちか》くや重要《じゅうよう》な領地《りょうち》
江戸《えど》から遠《とお》い領地《りょうち》

＊石高《こくだか》…米《こめ》の生産高《せいさんだか》。米《こめ》1石《こく》は150kg。

聞《き》いたか？家康様《いえやすさま》は大阪《おおさか》・京都《きょうと》・奈良《なら》・長崎《ながさき》といった重要《じゅうよう》な地《ち》を直接《ちょくせつ》治《おさ》めるそうだぞ…
栄《さか》えた地《ち》の大名《だいみょう》はそれだけ収入《しゅうにゅう》も多《おお》いからな…力《ちから》をつけすぎて反乱《はんらん》を起《お》こさぬよう見《み》はりたいのだろう
町《まち》だけじゃない＊佐渡金山《さどきんざん》や＊石見銀山《いわみぎんざん》などの経済《けいざい》を支《ささ》える重要《じゅうよう》な地《ち》も直接《ちょくせつ》支配《しはい》するそうだ
…金《きん》や銀《ぎん》はお金《かね》を作《つく》るのに必要《ひつよう》だからな

＊佐渡金山《さどきんざん》（新潟県《にいがたけん》佐渡市《さどし》）、石見銀山《いわみぎんざん》（島根県《しまねけん》大田市《おおだし》）は当時《とうじ》、世界有数《せかいゆうすう》の金《きん》・銀山《ぎんざん》だった。

家康様《いえやすさま》はしっかりしている
しばらく徳川《とくがわ》の世《よ》が続《つづ》きそうだ

家康《いえやす》は江戸《えど》幕府《ばくふ》将軍《しょうぐん》を武士《ぶし》の頂点《ちょうてん》に置《お》き各藩《かくはん》の大名《だいみょう》にその領地《りょうち》と町人《ちょうにん》や農民《のうみん》を治《おさ》めさせた。
将軍《しょうぐん》
大名《だいみょう》
領民《りょうみん》・領地《りょうち》
このように幕府《ばくふ》と藩《はん》の二重《にじゅう》の権力《けんりょく》で土地《とち》と人民《じんみん》を支配《しはい》する社会制度《しゃかいせいど》を「幕藩体制《ばくはんたいせい》」という。
うむ
うむ
この制度《せいど》は長《なが》く続《つづ》く徳川家《とくがわけ》の時代《じだい》を支《ささ》える土台《どだい》となるだろう…

しかし ここまで しても
家康《いえやす》には 不安《ふあん》が あった。
もはや家康様《いえやすさま》の お力《ちから》は天下一《てんかいち》 どんな大名《だいみょう》も 家康様《いえやすさま》の一言《ひとこと》で ふき飛《と》ぶでしょう
ギロッ
お主《ぬし》… 本当《ほんとう》にそう 思《おも》うのか？
えっ…いや あの…
しまった… 大阪《おおさか》にまだ 豊臣家《とよとみけ》がいるのに… うっかりした ことを言《い》って しまった
バカモン！
せっかく じょうきげん だったのに…

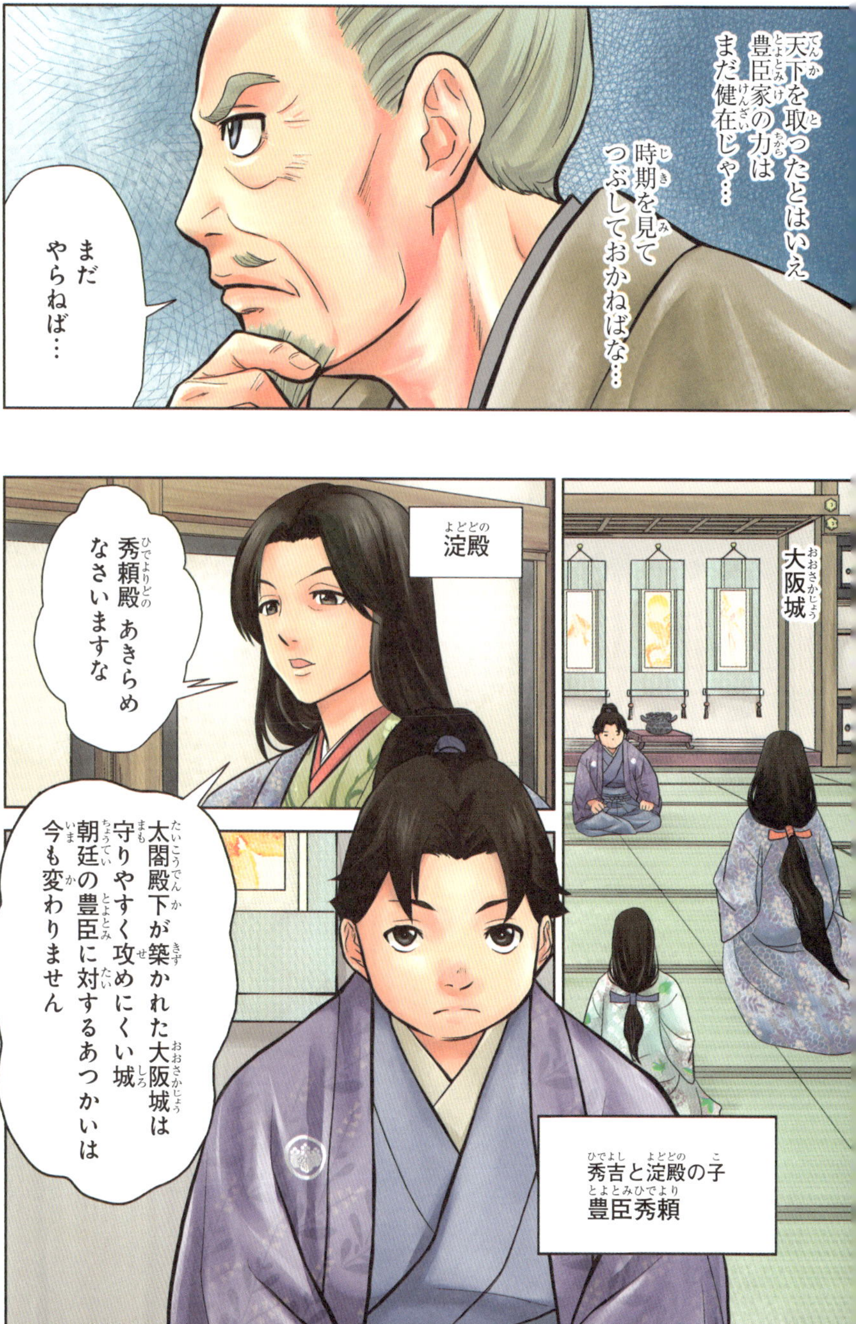

天下《てんか》を取《と》ったとはいえ 豊臣家《とよとみけ》の力《ちから》は まだ健在《けんざい》じゃ…
時期《じき》を見《み》て つぶしておかねばな…
まだ やらねば…
大阪城《おおさかじょう》
淀殿《よどどの》
秀頼殿《ひでよりどの》 あきらめ なさいますな
秀吉《ひでよし》と淀殿《よどどの》の子《こ》 豊臣秀頼《とよとみひでより》
太閤殿下《たいこうでんか》が築《きず》かれた大阪城《おおさかじょう》は 守《まも》りやすく攻《せ》めにくい城《しろ》 朝廷《ちょうてい》の豊臣《とよとみ》に対《たい》するあつかいは 今《いま》も変《か》わりません

天下《てんか》には豊臣家《とよとみけ》に味方《みかた》する武士《ぶし》たちもまだ多《おお》くおります
亡《な》き父上《ちちうえ》との約束《やくそく》であったそなたと千姫《せんひめ》との結婚《けっこん》を家康殿《いえやすどの》が取《と》りやめなかったのも
豊臣《とよとみ》と徳川《とくがわ》の仲《なか》の良《よ》さを周囲《しゅうい》に知《し》らせるためでしょう…
家康《いえやす》の孫《まご》
千姫《せんひめ》
家康殿《いえやすどの》も先《さき》はそう長《なが》くはないはず…天下《てんか》はまた豊臣《とよとみ》にもどります
それまでのしんぼうですよ…っ!
……
そうはいっても相手《あいて》はあの家康殿《いえやすどの》…母上《ははうえ》には悪《わる》いがそう簡単《かんたん》に天下《てんか》を明《あ》けわたすとは思《おも》えないが…

一六〇四年 江戸城《えどじょう》
江戸城《えどじょう》の工事《こうじ》も順調《じゅんちょう》ですね 母《はは》や妻《つま》を人質《ひとじち》として 江戸《えど》に住《す》まわせている 大名《だいみょう》も多《おお》いし…
これも すべて 家康様《いえやすさま》のお力《ちから》の 表《あらわ》れですな！
いや… 油断《ゆだん》は ならんぞ
え!?
大名《だいみょう》たちは従《したが》う ふりをしておるだけ じゃ…かげではみな 天下《てんか》をねらっているに ちがいない
やつらはきっと 「織田《おだ》が手《て》にした天下《てんか》を 豊臣《とよとみ》が拾《ひろ》い今《いま》は徳川《とくがわ》… 次《つぎ》は自分《じぶん》が」などと たくらんでおるのだ
天《てん》下《か》

今《いま》でも大阪《おおさか》には豊臣秀吉《とよとみひでよし》の子《こ》秀頼《ひでより》がおる
天下《てんか》はまだ誰《だれ》の手《て》に渡《わた》ってもおかしくない
だまし討《う》ち・裏切《うらぎ》り・みな殺《ごろ》し勝《か》ち残《のこ》れば何《なに》をしてもいいという下剋上《げこくじょう》の世《よ》がかれこれ百年《ひゃくねん》も続《つづ》いたのです
乱世《らんせい》のあらあらしい考《かんが》え方《かた》がしみついてしまっているのでございましょう…
…世《よ》に平和《へいわ》をもたらすには
まず大名《だいみょう》たちの考《かんが》えを変《か》える必要《ひつよう》がある……

ヒソ
ヒソ
改易《かいえき》に減封《げんぽう》…
家康様《いえやすさま》は大名《だいみょう》に
ずいぶん厳《きび》しいのう
江戸《えど》の工事《こうじ》だけでも
かなり負担《ふたん》が
かかっているしな…
改易《かいえき》と減封《げんぽう》とは
何《なん》のことでございますか？
知《し》らんのか？

改易《かいえき》は大名《だいみょう》への処罰《しょばつ》の一つでお家《いえ》を取《と》りつぶしてしまうことだ
フンッ
その身分《みぶん》も*所領《しょりょう》もすべて幕府《ばくふ》に取《と》り上《あ》げられてしまうのさ
減封《げんぽう》は領地《りょうち》を減《へ》らすことだよ
領地《りょうち》
関ケ原《せきがはら》の戦《たたか》いで西軍《せいぐん》についた大名《だいみょう》たちもずいぶん改易《かいえき》・減封《げんぽう》されたんだぞ…
父上《ちちうえ》…
家康《いえやす》の子《こ》
徳川秀忠《とくがわひでただ》

*所領《しょりょう》…領主《りょうしゅ》によって支配《しはい》されている土地《とち》のこと。領地《りょうち》。

父上《ちちうえ》が諸大名《しょだいみょう》に改易《かいえき》や減封《げんぽう》を厳《きび》しく命《めい》じているのはなぜなのですか？
しっかりしたきまりを定《さだ》め破《やぶ》った大名《だいみょう》を確実《かくじつ》に取《と》りつぶすことで
幕府《ばくふ》の強《つよ》さを思《おも》い知《し》らせ反抗心《はんこうしん》をなくさせるのだ！
そのため江戸城《えどじょう》には立派《りっぱ》な＊天守《てんしゅ》を造《つく》るつもりじゃ
また＊謁見《えっけん》の席《せき》では将軍《しょうぐん》の顔《かお》を直接《ちょくせつ》見《み》られないようにする

＊天守《てんしゅ》…物見《ものみ》や防戦《ぼうせん》のために造《つく》られた、城《しろ》の中心部《ちゅうしんぶ》の高《たか》い建物《たてもの》。

＊謁見《えっけん》…身分《みぶん》の高《たか》い人《ひと》に会《あ》うこと。

それによって将軍《しょうぐん》の権威《けんい》が増《ま》すのですね
うむ
これからの世《よ》は実力《じつりょく》ではなくきまりと仕組《しく》みによって動《うご》かしてゆくのだ!!
わしはすぐにそなたに将軍《しょうぐん》の座《ざ》をゆずり徳川《とくがわ》の世《よ》が今後《こんご》も続《つづ》くことを天下《てんか》に知《し》らせる!
ビシィッ
分《わ》かったな秀忠《ひでただ》!
はっ!

一六〇五年《ねん》家康《いえやす》と秀忠《ひでただ》は大軍《たいぐん》を率《ひき》いて上京《じょうきょう》。
以前《いぜん》からの予定《よてい》どおり家康《いえやす》は秀忠《ひでただ》に将軍《しょうぐん》の座《ざ》をゆずり自分《じぶん》は大御所《おおごしょ》となった。
大御所《おおごしょ》となった家康《いえやす》は徳川家《とくがわけ》による天下《てんか》をより確《たし》かなものにするため
秀忠《ひでただ》が一人前《いちにんまえ》の将軍《しょうぐん》になるような教育《きょういく》を徹底的《てっていてき》に行《おこな》った。

おい聞《き》いたか!?秀忠様《ひでたださま》が将軍《しょうぐん》になられたぞ!
家康様《いえやすさま》のお考《かんが》えだってな
この江戸《えど》は「*将軍様《しょうぐんさま》のおひざもと」よ
しかし江戸幕府《えどばくふ》を開《ひら》いてまだたったの二年《ねん》…
家康様《いえやすさま》が息子《むすこ》の秀忠様《ひでたださま》に将軍《しょうぐん》の座《ざ》をゆずったのはなぜなんだ?
これまでみたいに実力《じつりょく》で天下《てんか》を取《と》る時代《じだい》とちがって
徳川《とくがわ》は世襲制《せしゅうせい》にするんだぞってのをはっきりさせたのさ
世襲制《せしゅうせい》ってのは…?
親《おや》の身分《みぶん》や財産《ざいさん》・職業《しょくぎょう》なんかを子《こ》が代々《だいだい》受《う》け継《つ》いでいくってことさ
将軍《しょうぐん》
町民《ちょうみん》

*将軍《しょうぐん》のいる土地《とち》、という意味《いみ》。

＊公方《くぼう》…将軍《しょうぐん》の別《べつ》のよび名《な》。

まぁ諸藩《しょはん》の有力大名《ゆうりょくだいみょう》の中《なか》には「いつか自分《じぶん》が天下《てんか》を取《と》る！」と意気《いき》ごんでいたお方《かた》もいたのだろうがそれが無理《むり》だと決《き》まったのか…
ちくしょーっ!!
バキッ
しかしそうなると天下《てんか》はすっかり＊公方様《くぼうさま》のものだなぁ
「織田《おだ》がつき羽柴《はしば》がこねし天下《てんか》もち座《すわ》りしままに食《く》うは徳川《とくがわ》」
お！その心《こころ》は!?
織田信長《おだのぶなが》と豊臣《とよとみ》（羽柴《はしば》）秀吉《ひでよし》が苦労《くろう》して統一《とういつ》した天下《てんか》を家康様《いえやすさま》は楽《らく》らくと手《て》に入《い》れたってことよ
いよっ！うまい！
ハハハ

一六〇七年《ねん》
江戸城《えどじょう》
うむ！ようやく城《しろ》も形《かたち》になってきたのう
完成《かんせい》が楽《たの》しみじゃ

それにしても江戸城《えどじょう》はますます立派《りっぱ》になっていきますな
外様大名《とざまだいみょう》も家康様《いえやすさま》への＊忠義《ちゅうぎ》を示《しめ》すためすすんで仕事《しごと》をしているようですからなぁ
天下普請《てんかぶしん》じゃ!!

＊忠義《ちゅうぎ》…主君《しゅくん》に真心《まごころ》をつくして仕《つか》えること。

おっ
美《うつく》しいな！
これらの*障壁画《しょうへきが》は狩野派《かのうは》の絵師《えし》たちがえがいております
*障壁画《しょうへきが》…ふすまや床《とこ》の間《ま》などにえがかれた絵《え》。
狩野派《かのうは》かさすがの出来《でき》じゃな
狩野派《かのうは》
室町《むろまち》時代《じだい》から江戸《えど》時代《じだい》にかけて職業《しょくぎょう》画家《がか》集団《しゅうだん》として活躍《かつやく》した一派《いっぱ》。
狩野山楽《かのうさんらく》（一五五九～一六三五年《ねん》）［松鷹図襖《しょうようずふすま》］
狩野探幽《かのうたんゆう》（一六〇二～七四年《ねん》）［雪中梅竹遊禽図襖《せっちゅうばいちくゆうきんずふすま》］

外側《そとがわ》もどんどん立派《りっぱ》になっています
先日《せんじつ》も石《いし》がきに使《つか》うための大石《おおいし》をいくつも＊寄進《きしん》した大名《だいみょう》がおりました
そうか…もう江戸《えど》は安心《あんしん》じゃな
秀忠《ひでただ》よ
はい
わしはこれから駿府《すんぷ》（静岡県《しずおかけん》）に移《うつ》って＊隠居《いんきょ》しようと思《おも》う
江戸《えど》をたのんだぞ
こうして家康《いえやす》は駿府城《すんぷじょう》へ移《うつ》ったが大御所《おおごしょ》として政治《せいじ》の実権《じっけん》をにぎりつづけた。

＊寄進《きしん》…金銭《きんせん》や物品《ぶっぴん》を寄付《きふ》すること。

＊隠居《いんきょ》…家督《かとく》をゆずり静《しず》かに暮《く》らすこと。

江戸城下《えどじょうか》。
町《まち》は新《あたら》しい住《す》まいを建《た》てる大工《だいく》や物《もの》を売《う》り歩《ある》く行商人《ぎょうしょうにん》、職人《しょくにん》たちで混雑《こんざつ》していた。
おぉ～い そこの木材《もくざい》 取《と》ってくれ～
三条屋

*三河《みかわ》や駿河《するが》・甲斐《かい》などからやってきた職人《しょくにん》たちは江戸《えど》の発展《はってん》ぶりにおどろいたという。
水《みず》はいらんかね〜!
お〜〜〜……

＊三河《みかわ》は愛知県《あいちけん》の東部《とうぶ》、駿河《するが》は静岡県《しずおかけん》の中部《ちゅうぶ》〜北東部《ほくとうぶ》、甲斐《かい》は山梨県《やまなしけん》に相当《そうとう》する地域《ちいき》。

＊現在《げんざい》の東京都《とうきょうと》千代田区《ちよだく》神田駿河台《かんだするがだい》辺《あた》りにあった小山《こやま》。

ここが江戸《えど》の町《まち》か
広《ひろ》いもんだな
*神田山《かんだやま》をくずして
日比谷入江《ひびやいりえ》を
*うめ立《た》てたらしい

江戸城《えどじょう》までの
ほりを使《つか》って物《もの》を
船《ふね》で便利《べんり》に運《はこ》べる
そうな…
へぇ〜

＊このうめ立《た》てが東京湾《とうきょうわん》うめ立《た》てのはじまりといわれている。

ん？
ありゃ何《なん》だ？
ちゃぷ
ちゃぷ
水
水売《みずう》りの
行商《ぎょうしょう》さ

ここいらは うめ立《た》て地《ち》だから 井戸《いど》をほっても 塩水《しおみず》しか出《で》ない
だから飲《の》み水《みず》は わざわざ くみに行《い》ったり ああやって ＊振《ふ》り売《う》りの行商《ぎょうしょう》から 買《か》ったりするのさ
それにしても 最近《さいきん》は田舎《いなか》から 江戸《えど》に出《で》るのが ずいぶん楽《らく》に なったなぁ…
家康様《いえやすさま》が 道《みち》の整備《せいび》を 進《すす》めてくださってる おかげだな
＊大井川《おおいがわ》や＊天竜川《てんりゅうがわ》にも 橋《はし》をかけてくれたら 便利《べんり》なのに… 何《なん》でないんだ？
あんまり橋《はし》が 多《おお》いと敵《てき》に 攻《せ》めこまれ ちまうからな

＊振《ふ》り売《う》り…商品《しょうひん》の名《な》を大声《おおごえ》でよびながら売《う》り歩《ある》くこと。

＊大井川《おおいがわ》は静岡県《しずおかけん》を流《なが》れ駿河湾《するがわん》に、天竜川《てんりゅうがわ》は長野《ながの》、愛知《あいち》、静岡県《しずおかけん》を流《なが》れ太平洋《たいへいよう》に注《そそ》ぐ川《かわ》。

お！
*祝言《しゅうげん》か！
江戸《えど》で祝言《しゅうげん》を挙《あ》げる人《ひと》もいるんだな
……
どうしたよ？ だまっちまって…
*故郷《こきょう》に残《のこ》してきたいいなずけはどうしてるかなぁと
うちのはもう*鉄漿《おはぐろ》も付《つ》けて待《ま》ってんだ…
*鉄漿《おはぐろ》…お歯黒《はぐろ》。結婚《けっこん》している女性《じょせい》の付《つ》けるもの。
ハハハ！ そいつぁいい 早《はや》くこっちに連《つ》れてこられるといいな！
おうっ あんがとよ

*祝言《しゅうげん》…結婚《けっこん》のこと。

*いいなずけ…婚約者《こんやくしゃ》。

みな楽《たの》しそうに暮《く》らしているように見《み》える江戸《えど》の町《まち》。
しかしその裏《うら》では幕府《ばくふ》が定《さだ》めた身分制度《みぶんせいど》により
人《ひと》びとは住《す》む場所《ばしょ》・衣服《いふく》・髪形《かみがた》など細《こま》かく制限《せいげん》されていた。
いろいろな身分《みぶん》の人《ひと》びと
これにより人《ひと》びとは自然《しぜん》に定《さだ》められたきまりの中《なか》で生活《せいかつ》をするようになり
「身分《みぶん》の違《ちが》い」を意識《いしき》するようになった。

一六一四年《ねん》
おい！
？
聞《き》いたか 大仏殿《だいぶつでん》の 鐘《かね》の話《はなし》！
何《なん》のことだ？
京都《きょうと》に 方広寺《ほうこうじ》という 寺《てら》があるだろう？
ああ…でも 少《すこ》し前《まえ》に 地震《じしん》でこわれた はずでは
方広寺《ほうこうじ》
一五八六年《ねん》に 豊臣秀吉《とよとみひでよし》が命《めい》じて 建立《こんりゅう》させた天台宗《てんだいしゅう》の寺《てら》で 奈良《なら》の東大寺《とうだいじ》のものより大《おお》きい 大仏《だいぶつ》が安置《あんち》されていたが 一五九六年《ねん》の＊慶長《けいちょう》の大地震《おおじしん》で こわれてしまった。

＊慶長《けいちょう》の大地震《おおじしん》…1596(慶長元《けいちょうがん》)年《ねん》に近畿地方《きんきちほう》をおそった大地震《おおじしん》。

ここ数年《すうねん》で豊臣家《とよとみけ》が大金《たいきん》を使《つか》って再建《さいけん》したんだよ
まあ太閤殿下《たいこうでんか》の大事《だいじ》な寺《てら》だ 徳川家《とくがわけ》一色《いっしょく》の天下《てんか》をみ仏《ほとけ》の力《ちから》で取《と》り返《かえ》そうということか?
それが家康様《いえやすさま》が豊臣家《とよとみけ》に再建《さいけん》するようすすめたんだとか
へぇ〜!?
豊臣《とよとみ》の資産《しさん》は大変《たいへん》なものだ 工事費《こうじひ》を負担《ふたん》させて それを少《すこ》しでも減《へ》らそう というねらいだろう
なるほどな
とまぁ そこまでは いいんだが…

国家安康《こっかあんこう》(国《くに》に平和《へいわ》が訪《おとず》れますように)
君臣豊楽《くんしんほうらく》(誰《だれ》もが豊《ゆた》かな暮《く》らしができますように)
その方広寺《ほうこうじ》の大仏殿《だいぶつでん》に納《おさ》める予定《よてい》の鐘《かね》に刻《きざ》まれた文字《もじ》を見《み》て徳川方《とくがわがた》の家臣《かしん》がさわぎだしたんだ
何《なん》ともない文字《もじ》に見《み》えるが…？
国家安康《こっかあんこう》
君臣豊楽《くんしんほうらく》
この文字《もじ》は家康《いえやす》の「家《いえ》」と「康《やす》」を引《ひ》きはなしてのろい
「豊楽《ほうらく》」の文字《もじ》で豊臣氏《とよとみし》がまた栄《さか》えることを願《ねが》っている…とな
それは言《い》いがかりではないのか!?
ああ

江戸《えど》の繁栄《はんえい》は徳川様《とくがわさま》のお力《ちから》だが…この分《ぶん》だとまた戦《いくさ》だな
して 豊臣方《とよとみがた》の動《うご》きはどうじゃ？

先日《せんじつ》の鐘《かね》の文字《もじ》について豊臣方《とよとみがた》に問《と》いただしましたところ…
秀頼様《ひでよりさま》または淀殿《よどどの》が江戸《えど》に来《こ》られるかあるいは国《くに》がえを受《う》け入《い》れるか…
何《なん》とっ!!
＊国《くに》がえ…幕府《ばくふ》が大名《だいみょう》の領地《りょうち》をほかに移《うつ》しかえること。
豊臣方《とよとみがた》はおどろきいかりこちらの要求《ようきゅう》を拒否《きょひ》…
ギリ…
おのれ家康《いえやす》め…っ
そして現在《げんざい》…
戦《いくさ》の準備《じゅんび》を始《はじ》めたようでございます
ザワッ
何《なん》ですとっ!?
豊臣《とよとみ》が戦《いくさ》の用意《ようい》を!?

＊西国《さいごく》…近畿《きんき》から西《にし》の地方《ちほう》。中国《ちゅうごく》・四国《しこく》・九州《きゅうしゅう》地方《ちほう》。

現在《げんざい》 わが子《こ》の秀忠《ひでただ》が将軍《しょうぐん》だからと従《したが》っている大名《だいみょう》たちも
スクッ
秀頼《ひでより》が関白《かんぱく》となれば秀頼《ひでより》に従《したが》うことになるだろう
亡《な》き太閤殿《たいこうどの》の人気《にんき》は西国《さいごく》＊ではまだまだ高《たか》い!
わしもそう長《なが》くはない今《いま》のうちに豊臣《とよとみ》をつぶしておかないとわしの死後《しご》また天下《てんか》が乱《みだ》れるかもしれぬ
ここで一気《いっき》に豊臣《とよとみ》をつぶす!!

全国《ぜんこく》の大名《だいみょう》に
大阪城攻撃《おおさかじょうこうげき》を命《めい》じる!!
こうして家康《いえやす》は少《すこ》し前《まえ》にイギリスやオランダから買《か》っておいた大砲《たいほう》や火薬《かやく》をたずさえて
大阪城《おおさかじょう》に向《む》けて進軍《しんぐん》を開始《かいし》した。

一六一四年《ねん》
—大阪冬《おおさかふゆ》の陣《じん》—
全国《ぜんこく》の大名《だいみょう》を集《あつ》めた
二十万《まん》の徳川方《とくがわがた》に対《たい》し
豊臣方《とよとみがた》についた大名《だいみょう》は
いなかった…。

パン
パンパン
パァン
くそ…豊臣《とよとみ》の連中《れんちゅう》意外《いがい》にやるなっ…
真田幸村《さなだゆきむら》
そりゃそうさ 豊臣方《とよとみがた》には関ヶ原《せきがはら》の戦《たたか》いでつぶされた元大名《もとだいみょう》や多《おお》くの*浪人《ろうにん》たちがついているんだっ！
なかでも*出城《でじろ》の真田丸《さなだまる》を守《まも》るのは戦上手《いくさじょうず》の真田幸村《さなだゆきむら》だっていうぜ!!

＊出城《でじろ》…中心《ちゅうしん》の城《しろ》を守《まも》るための補助的《ほじょてき》な城《しろ》。　＊浪人《ろうにん》…主家《しゅか》を去《さ》ったり、失《うしな》ったりした武士《ぶし》。

道理《どうり》であの城《しろ》なかなか落《お》ちないわけだ
オォォォォ
ガキン
こんなときにキリシタン大名《だいみょう》の高山右近《たかやまうこん》がいなくて本当《ほんとう》によかった…
高山右近《たかやまうこん》？
ガキィン
ガガガ

キリスト教《きょう》の信仰《しんこう》を捨《す》てなかったために仲間《なかま》ともども海外追放《かいがいついほう》になった高山右近《たかやまうこん》さ…
あぁ！
この様子《ようす》じゃキリシタンたちが豊臣方《とよとみがた》についていたらもっとやっかいだっただろうからな…
なるほどな
大御所様《おおごしょさま》はこのことを予想《よそう》してキリシタンを追放《ついほう》なさったのだろう
家康《いえやす》の本陣《ほんじん》
う〜む…もうひとおしか

徳川軍《とくがわぐん》の
はげしい攻撃《こうげき》に
それまで強気《つよき》の
淀殿《よどどの》だったが……。
ガッ
きゃあっ
即刻《そっこく》 和議《わぎ》に
応《おう》じなさい
ガタ
ガタ
かしこまりました

家康《いえやす》は講和《こうわ》の条件《じょうけん》として
本丸《ほんまる》を残《のこ》し、二《に》の丸《まる》、三《さん》の丸《まる》を
破壊《はかい》し、外《そと》ぼりをうめさせた。
ゴゴゴゴ…
講和《こうわ》が成立《せいりつ》
すると家康《いえやす》は
本陣《ほんじん》を引《ひ》き上《あ》げ
攻撃《こうげき》の手《て》を休《やす》めた。
しかし
しばらく後《のち》…。
タタタタッ
たっ大変《たいへん》で
ございます!!
どうした
そうぞうしい

徳川《とくがわ》どもが内《うち》ぼりまでうめはじめましたっ!!
何《なに》!? 約束《やくそく》がちがうではないか!!
止《と》めたのですがあれよあれよという間《ま》にうめ立《た》ててしまいました!
これでは大阪城《おおさかじょう》は丸《まる》はだかですっ!!

ぬぅ～ 家康《いえやす》め
講和《こうわ》での約束《やくそく》を破《やぶ》り
だますとは
なんとひきょうな!!
それだけではない
今度《こんど》はわれわれに領地《りょうち》がえを
要求《ようきゅう》してきている!
もう
がまん
できぬっ
豊臣方《とよとみがた》は再《ふたた》び
戦《いくさ》の用意《ようい》を始《はじ》め
そのことは
すぐに家康《いえやす》の
耳《みみ》に入《はい》る。
こうして新《あら》たな
戦《たたか》いが始《はじ》まったのである―。

一六一五年《ねん》
―大阪夏《おおさかなつ》の陣《じん》―

ワアァ

オオオ
真田幸村《さなだゆきむら》を
はじめとする
浪人《ろうにん》たちからなる
豊臣方《とよとみがた》は
よく戦《たたか》ったが
ほりをうめられた
大阪城《おおさかじょう》は
無力《むりょく》だった。
ワアアア

千姫《せんひめ》…
秀頼《ひでより》にとついでいた家康《いえやす》の孫《まご》 千姫《せんひめ》は落城寸前《らくじょうすんぜん》で救出《きゅうしゅつ》された…。
おじい様《さま》 秀頼様《ひでよりさま》と淀殿《よどどの》のお命《いのち》をお助《たす》けください!!
わたしの夫《おっと》と義母上《はははうえ》でございますっ!!
ダメだ千姫《せんひめ》!
豊臣家《とよとみけ》の血筋《ちすじ》を残《のこ》すことはできないのじゃ!!

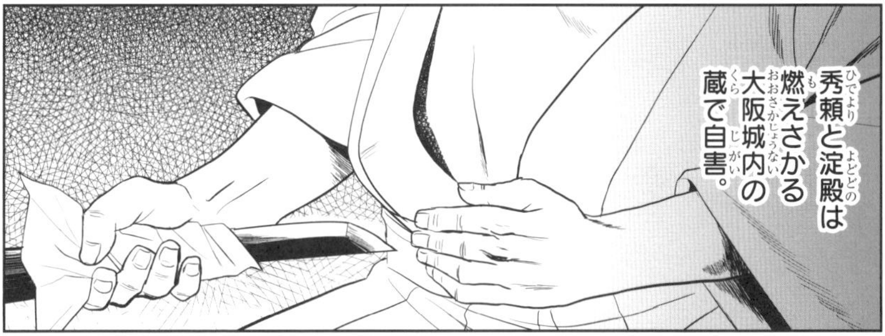
秀頼《ひでより》と淀殿《よどどの》は
燃《も》えさかる
大阪城内《おおさかじょうない》の
蔵《くら》で自害《じがい》。

＊自害《じがい》…自殺《じさつ》。

豊臣秀吉《とよとみひでよし》が
ぜいたくに
築《きず》いた大阪城《おおさかじょう》は
炎《ほのお》の中《なか》に
攻《せ》め落《お》とされた。

秀頼《ひでより》の子《こ》 国松《くにまつ》も
大阪城《おおさかじょう》からは
抜《ぬ》け出《だ》したものの
徳川方《とくがわがた》に発見《はっけん》され
首《くび》を斬《き》られた。
もう一人《ひとり》の娘《むすめ》も
鎌倉《かまくら》で尼《あま》に
させられた。

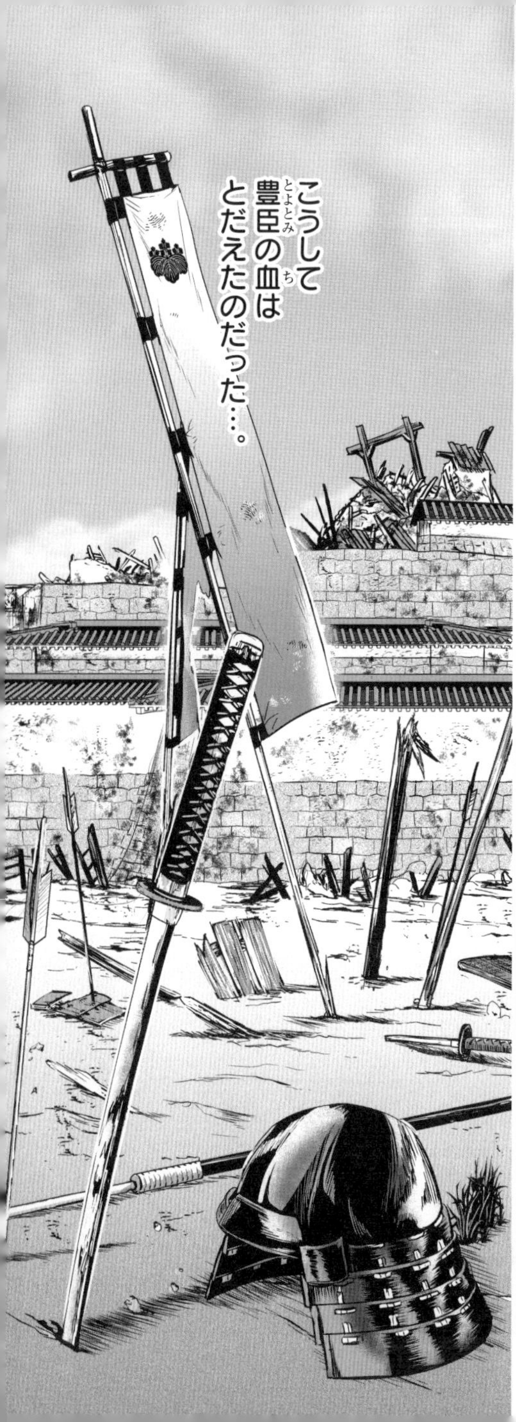
こうして
豊臣《とよとみ》の血《ち》は
とだえたのだった…。

第《だい》2章《しょう》 家光《いえみつ》と天下太平《てんかたいへい》の世《よ》

豊臣家《とよとみけ》をほろぼし
名実《めいじつ》ともに
天下《てんか》を取《と》った
徳川家《とくがわけ》の権力《けんりょく》は
初代将軍《しょだいしょうぐん》
徳川家康《とくがわいえやす》
第《だい》2代将軍《だいしょうぐん》
徳川秀忠《とくがわひでただ》

将軍《しょうぐん》の代《だい》が代《か》わって
ますます強《つよ》まっていく
ことになる。
第《だい》3代将軍《だいしょうぐん》
徳川家光《とくがわいえみつ》

一六一五年《ねん》
駿府城《すんぷじょう》
将軍《しょうぐん》の座《ざ》を
息子《むすこ》の秀忠《ひでただ》にゆずり
隠居《いんきょ》したはずの
家康《いえやす》だったが
大御所《おおごしょ》
徳川家康《とくがわいえやす》
まだまだ政治《せいじ》から
退《しりぞ》くことは
なかった。
わしにはまだ
やることが
残《のこ》っている…
そ それは
いったい
どのような…

＊法度《はっと》…きまり、法律《ほうりつ》。　＊公家《くげ》…朝廷《ちょうてい》に仕《つか》える人《ひと》びと。

戦乱《せんらん》の世《よ》が過去《かこ》のものになりつつある今《いま》改《あらた》めて徳川《とくがわ》の力《ちから》を見《み》せるため
新《あら》たな法度《はっと》を作《つく》ろうと思《おも》っておるのだ
して その法度《はっと》の内容《ないよう》は？

＊紫衣《しえ》…朝廷《ちょうてい》の許《ゆる》しで着《き》ることができる紫色《むらさきいろ》の法衣《ほうえ》や袈裟《けさ》。

うむ…身分《みぶん》ごとに三つの法度《はっと》を用意《ようい》した
武家《ぶけ》へのきまり
武家諸法度《ぶけしょはっと》
・武士《ぶし》は学問《がくもん》や武芸《ぶげい》を身《み》につけること
・城《しろ》をかってに修理《しゅうり》しないこと また建《た》てないこと
・大名家同士《だいみょうけどうし》でかってに結婚《けっこん》を決《き》めないこと
…など
天皇《てんのう》や公家《くげ》へのきまり
禁中並《きんちゅうならびに》公家諸法度《くげしょはっと》
・学問《がくもん》や和歌《わか》を身《み》につけること
・高僧《こうそう》に与《あた》える紫衣《しえ》を天皇《てんのう》はかってに与《あた》えないこと
…など
僧《そう》へのきまり
寺院法度《じいんはっと》
・各宗派《かくしゅうは》の教《おし》えを守《まも》ること
…など
おおーっ

今後《こんご》 幕府《ばくふ》をおびやかすかもしれない大名《だいみょう》や天皇《てんのう》・公家《くげ》・寺社勢力《じしゃせいりょく》を法度《はっと》で厳《きび》しくおさえつけ
身動《みうご》きがとれないっ!!
法《ほう》
法《ほう》
法《ほう》
大名《だいみょう》
僧《そう》
公家《くげ》
徳川《とくがわ》の力《ちから》を世《よ》に示《しめ》しつつ 幕府《ばくふ》を守《まも》ることができるのですな!?
うむっ！
しかし秀忠《ひでただ》には荷《に》が重《おも》いだろう…法度《はっと》の内容《ないよう》はわしが考《かんが》え 秀忠《ひでただ》の名《な》で*発布《はっぷ》しよう

＊発布《はっぷ》…法律《ほうりつ》などを世間《せけん》に知《し》らせること。

一六一六年《ねん》家康《いえやす》は朝廷《ちょうてい》から太政大臣《だいじょうだいじん》に任命《にんめい》される。
しかし、そのわずか一か月後《げつご》…
家康様《いえやすさま》!!
しっかりしてください!!
心配《しんぱい》するな…
乱世《らんせい》は…終《お》わったのだ…
家康《いえやす》は七十五年《ねん》の人生《じんせい》に幕《まく》を閉《と》じた。

家康《いえやす》の遺体《いたい》は
久能山《くのうざん》（静岡県《しずおかけん》）に
ほうむられたが
後《のち》に日光《にっこう》（栃木県《とちぎけん》）へ移《うつ》され
東照大権現《とうしょうだいごんげん》
として祭《まつ》られる
こととなった。

……これでわしが名実《めいじつ》ともに将軍《しょうぐん》だ
第2代将軍《だいだいしょうぐん》
徳川秀忠《とくがわひでただ》
(在職《ざいしょく》1605〜23年《ねん》)
秀忠様《ひでただざま》…
んっ?
広島城主《ひろしまじょうしゅ》の福島正則《ふくしままさのり》が幕府《ばくふ》に届《とど》け出《で》をせずに城《しろ》の修理《しゅうり》をしたそうです!
福島正則《ふくしままさのり》
何《なん》だとぉ!?
グググッ
改易《かいえき》じゃ! すぐさま城《しろ》を明《あ》けわたすよう命《めい》じよ!!
大名《だいみょう》であっても法度《はっと》を破《やぶ》る者《もの》は厳《きび》しく罰《ばっ》する!!

秀忠《ひでただ》は
幕府《ばくふ》の法度《はっと》を
厳《きび》しく守《まも》らせ
将軍《しょうぐん》としての力《ちから》を
示《しめ》すようになった。

＊和子《かずこ》…入内後《じゅだいご》は同《おな》じ字《じ》で「まさこ」とよばれた。

また娘《むすめ》の和子《かずこ》＊を
後水尾天皇《ごみずのおてんのう》に
入内《じゅだい》させると
朝廷内《ちょうていない》の動《うご》きにも
目《め》を光《ひか》らせる
ようになった。

その後《ご》、秀忠《ひでただ》は
将軍《しょうぐん》の座《ざ》を
息子《むすこ》の家光《いえみつ》にゆずり
父同様《ちちどうよう》、大御所《おおごしょ》となって
政治《せいじ》を取《と》り仕切《しき》った。

そんな中《なか》
ある事件《じけん》が
起《お》こる…
後水尾天皇《ごみずのおてんのう》が
幕府《ばくふ》の許《ゆる》しもなく
紫衣《しえ》を僧侶《そうりょ》に
与《あた》えただとっ!?
何《なに》っ!?
はい…確《たし》かに
天皇《てんのう》には もともと
徳《とく》の高《たか》い僧侶《そうりょ》に
紫衣《しえ》を与《あた》える
権限《けんげん》がありましたが
今《いま》は禁中並公家諸法度《きんちゅうならびにくげしょはっと》で
禁止《きんし》されているはず
うむ…

これは立派《りっぱ》な違反行為《いはんこうい》であるっ!!

一六二九年《ねん》
—紫衣事件《しえじけん》—
秀忠《ひでただ》は十数名《すうめい》の高僧《こうそう》に紫衣《しえ》を与《あた》えた後水尾天皇《ごみずのおてんのう》を厳《きび》しくとがめ
これに抗議《こうぎ》した大徳寺《だいとくじ》の住職《じゅうしょく》・*沢庵《たくあん》などを*流罪《るざい》にした。
*「たくあんづけ」は沢庵《たくあん》の作《つく》るつけ物《もの》を家光《いえみつ》が気《き》に入《い》り、名《な》づけたとされている。
*流罪《るざい》…罪人《ざいにん》を辺境《へんきょう》の地《ち》や島《しま》に流《なが》して、他所《たしょ》への移動《いどう》を禁《きん》ずる刑《けい》。
沢庵《たくあん》
後水尾天皇《ごみずのおてんのう》
(在位《ざいい》1611～29年《ねん》)

天皇《てんのう》の権威《けんい》を失《うしな》わせる幕府《ばくふ》の乱暴《らんぼう》
…たえられぬ!
ガクッ
後水尾天皇《ごみずのおてんのう》は＊譲位《じょうい》し秀忠《ひでただ》の娘《むすめ》・和子《まさこ》との子《こ》である明正天皇《めいしょうてんのう》が跡《あと》を継《つ》いだ。
明正天皇《めいしょうてんのう》
（在位《ざいい》1629～43年《ねん》）
何《なに》!
後水尾天皇《ごみずのおてんのう》がかってに譲位《じょうい》しただと…!?
和子《まさこ》に男子《だんし》が生《う》まれるのを待《ま》ちたかったのだが…
この事件《じけん》をきっかけに幕府《ばくふ》の法度《はっと》が天皇《てんのう》の命令《めいれい》よりも優先《ゆうせん》されることが世《よ》に示《しめ》された。

＊譲位《じょうい》…帝位《ていい》をゆずること。

そして秀忠《ひでただ》の死後《しご》…。
おじい様《さま》…
日光東照宮《にっこうとうしょうぐう》
おじい様《さま》は下剋上《げこくじょう》の世《よ》を終《お》わらせ徳川家《とくがわけ》による天下太平《てんかたいへい》を願《ねが》われた…
第《だい》3代将軍《だいしょうぐん》
徳川家光《とくがわいえみつ》
(在職《ざいしょく》1623～51年《ねん》)

わたしは その願《ねが》い そのもの…
わたしこそ おじい様《さま》の 真《しん》の後継者《こうけいしゃ》なのだ!!
家光《いえみつ》がそう 考《かんが》えるのには 理由《りゆう》があった。
幼《おさな》いころ 口下手《くちべた》で病弱《びょうじゃく》だった 家光《いえみつ》(幼名《ようみょう》 竹千代《たけちよ》)は 活発《かっぱつ》な弟《おとうと》 忠長《ただなが》(幼名《ようみょう》 国松《くにまつ》)に いつも圧倒《あっとう》されていた。

父《ちち》 秀忠《ひでただ》も母《はは》 江《ごう》も
忠長《ただなが》のほうを
かわいがった…。
ウフフ…
三代将軍《だいしょうぐん》と
なられるのは
忠長様《ただながさま》なの
では…？
ヒソ
ヒソ
ヒソ
戦国時代《せんごくじだい》ならば
体《からだ》がじょうぶで頭《あたま》の良《よ》い者《もの》が
跡継《あとつ》ぎとなる。
周囲《しゅうい》ではこんなことが
ささやかれていた…。
ケホッ
ケホッ
一六一二年《ねん》
駿府城《すんぷじょう》

＊お伊勢参《いせまい》り…三重県《みえけん》にある伊勢神宮《いせじんぐう》へ参詣《さんけい》すること。
女《おんな》の身《み》で突然《とつぜん》 訪《たず》ねてくるとは何事《なにごと》か
お福《ふく》！
申《もう》し訳《わけ》ございません 家康様《いえやすさま》…
家光《いえみつ》の乳母《うば》 お福《ふく》
＊お伊勢参《いせまい》りに行《い》くと言《い》って江戸《えど》を抜《ぬ》け出《だ》して参《まい》りました
大胆《だいたん》なやつじゃ…
ところで孫《まご》の竹千代《たけちよ》（家光《いえみつ》）が先日《せんじつ》また熱《ねつ》を出《だ》したと聞《き》くが
その竹千代様《たけちよさま》のことで参《まい》ったのです

確《たし》かに竹千代様《たけちよさま》は
病弱《びょうじゃく》で…時《とき》には言葉《ことば》も
うまく出《で》てこないことも
ございます
?
あ…あっうっ
ハハハッ
そういうことも
あってか
秀忠様《ひでたださま》は
長男《ちょうなん》の竹千代様《たけちよさま》よりも
弟君《おとうとぎみ》をかわいがって
いらっしゃるように
思《おも》えるのです…
うむ 確《たし》かに
スッ
そこで
お願《ねが》いが
ございます

跡継《あとつ》ぎになるべきは竹千代様《たけちよさま》だと
大御所様《おおごしょさま》よりご助言《じょげん》いただけないでしょうか!?
何《なん》だと？わしに命令《めいれい》するのか？
めっそうもないことでございます！
ただ順番《じゅんばん》を考《かんが》えてもそれが自然《しぜん》なこと…
順序《じゅんじょ》のくるいを許《ゆる》せばいつか必《かなら》ず大《おお》きな問題《もんだい》になるでしょう…

一理《いちり》ある…!
順序《じゅんじょ》を守《まも》らなくてよいのであれば「われこそが」と思《おも》う者《もの》がまた天下《てんか》をねらいに来《く》るかもしれん…
それでは戦国《せんごく》の世《よ》と変《か》わらん!
よかろう
秀忠《ひでただ》にはわしから言《い》って聞《き》かせよう…
「*長幼《ちょうよう》の序《じょ》をわきまえよ」
…とな

＊長幼《ちょうよう》の序《じょ》…年少者《ねんしょうしゃ》は年長者《ねんちょうしゃ》を敬《うやま》い従《したが》うべきという考《かんが》え方《かた》。

こうして わたしは 将軍《しょうぐん》となった…
人《ひと》には 定《さだ》められた身《み》のほどが あるのだ
家来《けらい》は主君《しゅくん》に 子《こ》は親《おや》に 弟《おとうと》は兄《あに》に従《したが》えば 世《よ》は平安《へいあん》…
おじい様《さま》はわたしを 跡継《あとつ》ぎにすることで それを世《よ》に示《しめ》された
わたしこそ 天下太平《てんかたいへい》の象徴《しょうちょう》なのだ!!

家光《いえみつ》を将軍《しょうぐん》にするために働《はたら》きかけたお福《ふく》は
その後《ご》も跡継《あとつ》ぎを得《え》るために家光《いえみつ》の側室《そくしつ》となる女性《じょせい》を探《さが》すなどした。
お福《ふく》は後《のち》に春日局《かすがのつぼね》とよばれ*大奥《おおおく》の実権《じっけん》をにぎることとなる。
*大奥《おおおく》…江戸城内《えどじょうない》にある将軍家《しょうぐんけ》の子女《しじょ》、正室《せいしつ》、側室《そくしつ》（正室以外《せいしついがい》の夫人《ふじん》）などが住《す》んでいる場所《ばしょ》。将軍以外《しょうぐんいがい》の男《おとこ》は立《た》ち入《い》り禁止《きんし》。

江戸城《えどじょう》
一六三五年《ねん》家光《いえみつ》はつぎつぎに政策《せいさく》を打《う》ち出《だ》した。
政治《せいじ》は老中《ろうじゅう》の合議《ごうぎ》で行《おこな》うこと！
若年寄《わかどしより》は老中《ろうじゅう》の補佐《ほさ》をすること！
参勤交代《さんきんこうたい》は一年《ねん》おきに行《おこな》うこと！
今日《きょう》はどんなおふれが出《で》たのだ？

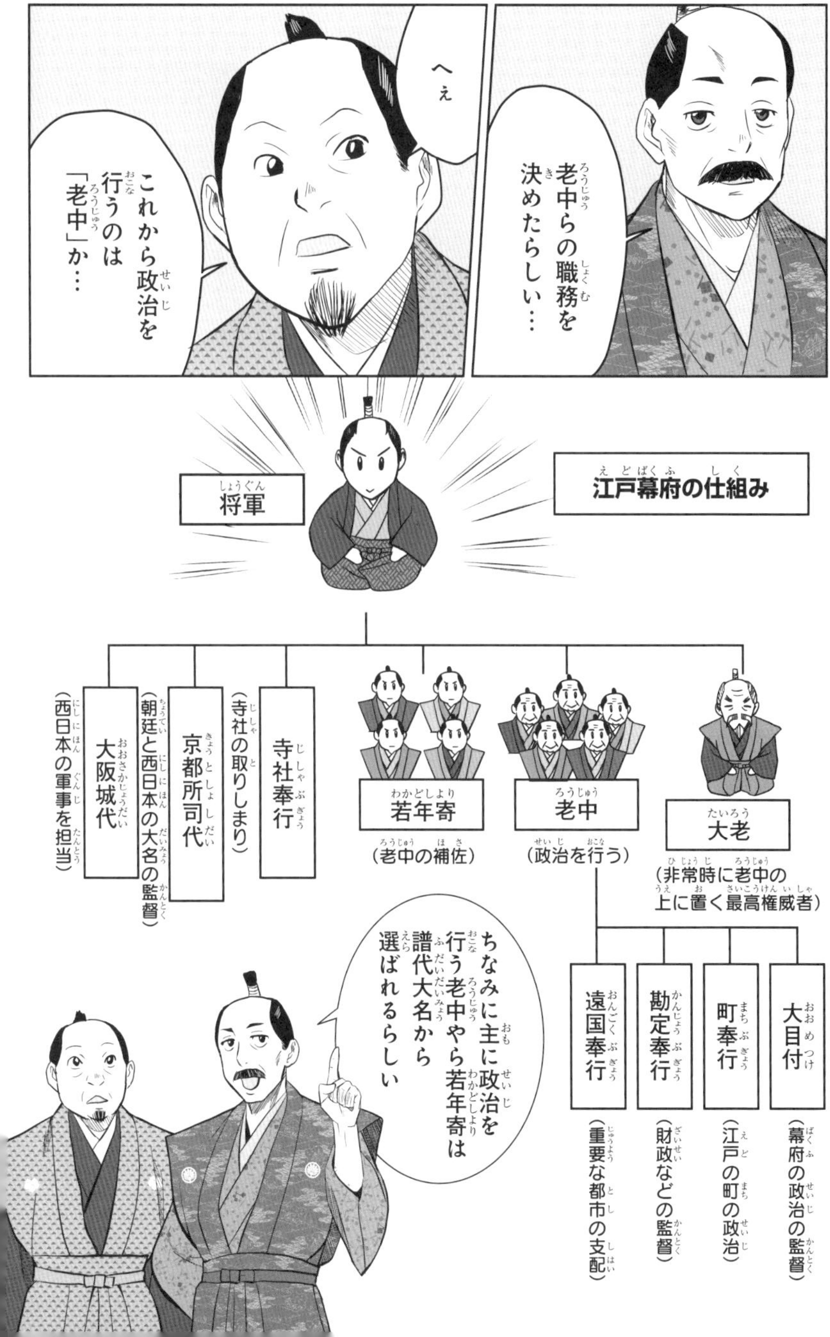
老中《ろうじゅう》らの職務《しょくむ》を決《き》めたらしい…
へぇ
これから政治《せいじ》を行《おこな》うのは「老中《ろうじゅう》」か…
江戸幕府《えどばくふ》の仕組《しく》み
将軍《しょうぐん》
大老《たいろう》
（非常時《ひじょうじ》に老中《ろうじゅう》の上《うえ》に置《お》く最高権威者《さいこうけんいしゃ》）
老中《ろうじゅう》
（政治《せいじ》を行《おこな》う）
若年寄《わかどしより》
（老中《ろうじゅう》の補佐《ほさ》）
寺社奉行《じしゃぶぎょう》
（寺社《じしゃ》の取《と》りしまり）
京都所司代《きょうとしょしだい》
（朝廷《ちょうてい》と西日本《にしにほん》の大名《だいみょう》の監督《かんとく》）
大阪城代《おおさかじょうだい》
（西日本《にしにほん》の軍事《ぐんじ》を担当《たんとう》）
大目付《おおめつけ》
（幕府《ばくふ》の政治《せいじ》の監督《かんとく》）
町奉行《まちぶぎょう》
（江戸《えど》の町《まち》の政治《せいじ》）
勘定奉行《かんじょうぶぎょう》
（財政《ざいせい》などの監督《かんとく》）
遠国奉行《おんごくぶぎょう》
（重要《じゅうよう》な都市《とし》の支配《しはい》）
ちなみに主《おも》に政治《せいじ》を行《おこな》う老中《ろうじゅう》やら若年寄《わかどしより》は譜代大名《ふだいだいみょう》から選《えら》ばれるらしい

それから町奉行《まちぶぎょう》と勘定奉行《かんじょうぶぎょう》と寺社奉行《じしゃぶぎょう》を合《あ》わせて三奉行《さんぶぎょう》とよぶらしい
ほう
前《まえ》の二つは旗本《はたもと》から寺社奉行《じしゃぶぎょう》は譜代大名《ふだいだいみょう》から選《えら》ばれるらしい
町奉行《まちぶぎょう》
勘定奉行《かんじょうぶぎょう》
寺社奉行《じしゃぶぎょう》
三奉行《さんぶぎょう》
うちの殿様《とのさま》は一応《いちおう》 譜代大名《ふだいだいみょう》だけど何《なに》かいい役職《やくしょく》に就《つ》けるだろうか…
ムムム…
うむ…家柄《いえがら》はもちろんだが能力《のうりょく》の高《たか》さが重要《じゅうよう》らしいぞ
大《おお》きな声《こえ》では言《い》えんがうちのお殿様《とのさま》では無理《むり》だろう…
はぁ〜…

ところ変《か》わって
東海道《とうかいどう》。

まったく…
参勤交代《さんきんこうたい》はかなりの出費《しゅっぴ》じゃわい
土佐藩《とさはん》(高知県《こうちけん》)大名《だいみょう》
山内忠義《やまうちただよし》

権現様《ごんげんさま》（家康《いえやす》）のころはあちこちの城《しろ》の普請《ふしん》にかりだされ
それが終《お》わったと思《おも》えば一年交替《ねんこうたい》で江戸《えど》とお国《くに》を行《い》ったり来《き》たり
移動《いどう》だけでも大《おお》きな出費《しゅっぴ》だというのに…
参勤交代《さんきんこうたい》
大名《だいみょう》は、江戸《えど》と自分《じぶん》の国《くに》の間《あいだ》を1年《ねん》ごとに移動《いどう》しなければならなかった。また証人《しょうにん》（人質《ひとじち》）として妻子《さいし》を江戸《えど》に住《す》まわせなくてはならなかった。
しかしお金《かね》をケチってしまえばびんぼうな藩《はん》だと見下《みくだ》されてかっこうがつかないし…
やっかいだなぁ…
*十里《り》の道《みち》を一日《にち》で歩《ある》くなんて本当《ほんとう》につかれるよ…
フー
だよなせめて江戸《えど》までの近道《ちかみち》でもありゃいいんだが…

＊十里《り》…約《やく》四十㎞。「里《り》」は長《なが》さの単位《たんい》。

京《きょう》
国《くに》
近道《ちかみち》ったって…
道順《みちじゅん》は全部《ぜんぶ》
幕府《ばくふ》に届《とど》けて
いるしなぁ
せっかく出《で》てきた
ついでに京《きょう》に
寄《よ》ろうと思《おも》っても…
それも自由《じゆう》には
できないしな
道順《みちじゅん》だけでなく
連《つ》れていく人数《にんずう》
なんかも決《き》められて
いるんだぜ
人数《にんずう》といえば
うちの行列《ぎょうれつ》は
どれだけの人《ひと》が
いるんだ？
馬上《ばじょう》
20騎《き》
徒の者《かちもの》
150人《にん》
*中間《ちゅうげん》・*人足《にんそく》など
1300人《にん》
われわれのお殿様《とのさま》は
二十万石《まんごく》以上《いじょう》の
お大名《だいみょう》だから
ざっとこんなもんだ
げげ？
こんなにっ!?
＊中間《ちゅうげん》…武士《ぶし》に仕《つか》え、やりや荷物《にもつ》などを持《も》つ者《もの》。

＊人足《にんそく》…土木工事《どぼくこうじ》や荷物《にもつ》の運搬《うんぱん》などの力仕事《ちからしごと》をする者《もの》。

それじゃ とても金《かね》がかかる だろう…？
うわさによると 行《い》きだけで 千二百両《せんにひゃくりょう》だ そうだ
1200両《りょう》 現在《げんざい》の値段《ねだん》で 1億《おく》4400万円《まんえん》くらい
ひえ〜〜〜 すごいなっ!!
……
どうした？
いやさ 領地《りょうち》ってのは お大名《だいみょう》がもともと もっていたもの なんだよな？
ああ
室町《むろまち》のころにゃ 武士《ぶし》がそれぞれ もっていた財産《ざいさん》 だったらしいが
今《いま》はちがう

大名《だいみょう》は幕府《ばくふ》から与《あた》えられた領地《りょうち》でその土地《とち》の民《たみ》を養《やしな》う義務《ぎむ》があるとされているんだ
民《たみ》
大名《だいみょう》
幕《ばく》
領地《りょうち》
でも一年《ねん》ごとにこんな金《かね》がかかることをしていたら民《たみ》の暮《く》らしを守《まも》るどころじゃないだろうよ
確《たし》かにそうだ…
大名《だいみょう》が江戸《えど》に出《で》てきて将軍《しょうぐん》に従《したが》う姿勢《しせい》を示《しめ》すことが大事《だいじ》なんだろうな
ムギュ～
幕《ばく》
大名《だいみょう》
そして大名《だいみょう》は自分《じぶん》の藩《はん》の力《ちから》を示《しめ》すために大勢《おおぜい》のお供《とも》を引《ひ》き連《つ》れて大金《たいきん》を使《つか》うのさ
なるほどね

ほかにも
ほかの大名《だいみょう》の
領地《りょうち》を
通《とお》るときの
あいさつ
三条屋
大名《だいみょう》がとまる*本陣《ほんじん》と
家臣《かしん》がとまる*旅籠《はたご》の
手配《てはい》
別《べつ》の大名行列《だいみょうぎょうれつ》と
同《おな》じ宿《やど》に
とまり合《あ》わせたときの
作法《さほう》など
厳《きび》しい
しきたりが
いくつも
あった。

＊本陣《ほんじん》は大名《だいみょう》や幕府役人《ばくふやくにん》などがとまる格式《かくしき》の高《たか》い宿屋《やどや》で、旅籠《はたご》は一般庶民用《いっぱんしょみんよう》の宿屋《やどや》。

地方《ちほう》の
ある町《まち》
お〜い
お大名《だいみょう》の
お行列《ぎょうれつ》だ!!
どこの
お行列《ぎょうれつ》だ??

しめた! 大名行列《だいみょうぎょうれつ》だぞ
徳川様《とくがわさま》のお行列《ぎょうれつ》じゃ見物《けんぶつ》どころか通《とお》り過《す》ぎるまで顔《かお》も上《あ》げられないが
ほかのお大名《だいみょう》なら道《みち》ばたで見物《けんぶつ》できる!!
見《み》にいこう!!
大名行列《だいみょうぎょうれつ》の見物《けんぶつ》は庶民《しょみん》の楽《たの》しみの一つだった。
タタタタッ
ザワ
ザワ
ザワ
ザワ
わきへ寄《よ》れー
わきへ寄《よ》れー
さすがはなやかだな〜
わぁ…
トトトッ

待《ま》て!!
ばか野郎《やろう》!!
ガシッ
わっ!?
お行列《ぎょうれつ》をじゃましちゃなんねぇ!!
＊無礼討《ぶれいう》ちにされるぞ!!
＊武士《ぶし》は無礼《ぶれい》を働《はたら》いた庶民《しょみん》を処罰《しょばつ》することができた。
父《とう》ちゃん!?
どうして!?
世《よ》の中《なか》には「身分《みぶん》」というものがあるんだ
いちばんえらい身分《みぶん》は「武士《ぶし》」で
大名行列《だいみょうぎょうれつ》のみな様《さま》は武士《ぶし》…お武家様《ぶけさま》だ

ほら ごらん
ザッ
ザッ
お武家様《ぶけさま》は刀《かたな》を二本《ほん》差《さ》していらっしゃるんだ
それに＊名字《みょうじ》をもつことも許《ゆる》されていて
働《はたら》きに応《おう》じて米《こめ》や領地《りょうち》をお大名《だいみょう》からいただいているんだぞ
ザッ
ザッ
ザッ
ザッ
その代《か》わり真心《まごころ》をもってお殿様《とのさま》につくさなきゃならん
それを「忠義《ちゅうぎ》」といって
いざってときは戦《いくさ》をするのがお役目《やくめ》だ
おいらの身分《みぶん》は？

＊江戸《えど》時代《じだい》の武士《ぶし》身分《みぶん》を象徴《しょうちょう》する特権《とっけん》。武士《ぶし》は名字《みょうじ》を名《な》のり、刀《かたな》を持《も》つことが許《ゆる》された。

おれらは「町人《ちょうにん》」よ！
町《まち》に住《す》む商人《しょうにん》や職人《しょくにん》のことさ！
町《まち》をまとめる町役人《まちやくにん》に選《えら》ばれた*家持《いえもち》や*家守《やもり》はえらい町人《ちょうにん》だ
借家住《しゃくやず》まいの町人《ちょうにん》はたいていが行商《ぎょうしょう》などでかせいだ日銭《ひぜに》でその日暮《ひぐ》らしをしている
おいらんちのことだね!!
*家持《いえもち》は町中《まちなか》に家《いえ》をもっている人《ひと》。自分《じぶん》の土地《とち》に長屋《ながや》を建《た》てて人《ひと》に貸《か》すことも。その長屋《ながや》の管理《かんり》を任《まか》されたのが家守《やもり》。
*お店《たな》…商店《しょうてん》のこと。
*お店《たな》に勤《つと》める奉公人《ほうこうにん》や職人《しょくにん》の弟子《でし》なんかは
小《ち》っせぇころから住《す》みこみで修業《しゅぎょう》してるんだぞ？
へぇ…
そうだ お前《まえ》もそろそろ働《はたら》く年《とし》ごろじゃねぇか？
え〜 やだぁ〜
おいおい町人《ちょうにん》なんて農民《のうみん》よりましなんだぞ？

おれたち農民《のうみん》は服装《ふくそう》や食事《しょくじ》まで幕府《ばくふ》にあれこれ決《き》められてんだ
米以外《こめいがい》の作物《さくもつ》は作《つく》れないし
毎日毎日《まいにちまいにち》土地《とち》を耕《たがや》して作《つく》った米《こめ》はほとんど年貢《ねんぐ》に取《と》られるんだからみじめなもんさ
でも
がんばれば名主《*なぬし》さんとかになれるんでしょ!?
あまい!
名主《なぬし》や組頭《*くみがしら》になれるのなんて自分《じぶん》の土地《とち》をもってるひとにぎりの「本百姓《ほんびゃくしょう》」だけだ
土地《とち》
土地《とち》をもってない人《ひと》はどうしてるの?
「水《みず》のみ百姓《びゃくしょう》」といって地主《じぬし》の土地《とち》を借《か》りて耕《たがや》すのさ

＊名主《なぬし》…村役人《むらやくにん》のリーダー。

＊組頭《くみがしら》は名主《なぬし》の補佐役《ほさやく》。後《のち》に村民《そんみん》の代表《だいひょう》で名主《なぬし》と組頭《くみがしら》の監視役《かんしやく》である「百姓代《ひゃくしょうだい》」も登場《とうじょう》した。

幕府《ばくふ》は土地《とち》の売買《ばいばい》を禁止《きんし》してるから今《いま》から本百姓《ほんびゃくしょう》にはなれねぇ
身分《みぶん》は変《か》えられねぇのさ
……これが身分《みぶん》のちがいってやつだよ
…分《わ》かったな？
ザッ
ザッ
ザッ
……うん
そして大名行列《だいみょうぎょうれつ》は江戸《えど》に入《はい》り……。
やぁ ようやく江戸城《えどじょう》が見《み》えてきたぞ

あれが江《え》戸《ど》城《じょう》かぁ
でっけぇ城《しろ》だ…!

江戸《えど》の藩邸《はんてい》に着《つ》いた一行《いっこう》はそこで待《ま》っていた幕府《ばくふ》からの使者《ししゃ》にむかえられる。
遠路《えんろ》はるばるおつかれであったろう
一年間《ねんかん》しっかりお勤《つと》めください
ははぁ
このように大名《だいみょう》は幕府《ばくふ》から土地《とち》を与《あた》えられ江戸藩邸《えどはんてい》を設《もう》けていた。
それは「上屋敷《かみやしき》」「中屋敷《なかやしき》」「下屋敷《しもやしき》」と
上屋敷《かみやしき》
中屋敷《なかやしき》
下屋敷《しもやしき》
江戸城《えどじょう》までの近《ちか》さなどからよび分《わ》けられており
屋敷《やしき》の広《ひろ》さや門構《もんがま》えなども
家柄《いえがら》や大名《だいみょう》の石高《こくだか》により決《き》められていた。

江戸《えど》にいる間《あいだ》
大名《だいみょう》は
江戸城《えどじょう》の警備《けいび》や
土木工事《どぼくこうじ》などの
仕事《しごと》を命《めい》じられた。
また決《き》まった日《ひ》に
江戸城《えどじょう》に登城《とじょう》
しなければならず
官位《かんい》に応《おう》じた
衣服《いふく》を身《み》につけ
所定《しょてい》の座《ざ》
所定《しょてい》の作法《さほう》で
将軍《しょうぐん》にあいさつした。
そういった細《こま》かい
しきたりを守《まも》って
儀式《ぎしき》を行《おこな》うことが
重要《じゅうよう》な仕事《しごと》だったのだ。

一方《いっぽう》、大名《だいみょう》の参勤交代《さんきんこうたい》につき従《したが》う武士《ぶし》は、たいていが単身赴任《たんしんふにん》で藩邸内《はんていない》の長屋住《ながやず》まいだった。
長屋《ながや》
大名屋敷《だいみょうやしき》
江戸《えど》は物価《ぶっか》が高《たか》くて生活《せいかつ》が大変《たいへん》だな
ああ
そのくせ勤務《きんむ》が月十日《つきとおか》しかないんだもんな
休《やす》みが多《おお》くて金《かね》がないからひまつぶしにも工夫《くふう》が必要《ひつよう》だな

わたしはいつも上野《うえの》や*愛宕山《あたごやま》なんかの江戸名所《えどめいしょ》を見《み》て歩《ある》いたりしてるよ！
そりゃいいや
あっでも今日《きょう》は仲間《なかま》と俳諧《はいかい》をよむ「句会《くかい》」をするんだ いっしょにどうだい？
いや えんりょしとくよ…
読《よ》みかけの*草子《そうし》があるんだ
そっか…
*草子《そうし》…さし絵《え》を入《い》れた大衆向《たいしゅうむ》けの読《よ》み物《もの》。
なんにしても藩邸《はんてい》には早《はや》めにもどらないと！
藩邸《はんてい》の門限《もんげん》を破《やぶ》ったら下手《へた》をすれば切腹《せっぷく》だ！
ひぇ〜〜〜〜

＊愛宕山《あたごやま》は全国各地《ぜんこくかくち》にあるが、ここでは現在《げんざい》の東京都港区《とうきょうとみなとく》にある小山《こやま》。

参勤交代《さんきんこうたい》と江戸《えど》での生活《せいかつ》は
諸大名《しょだいみょう》の財力《ざいりょく》を
下《さ》げることになった。

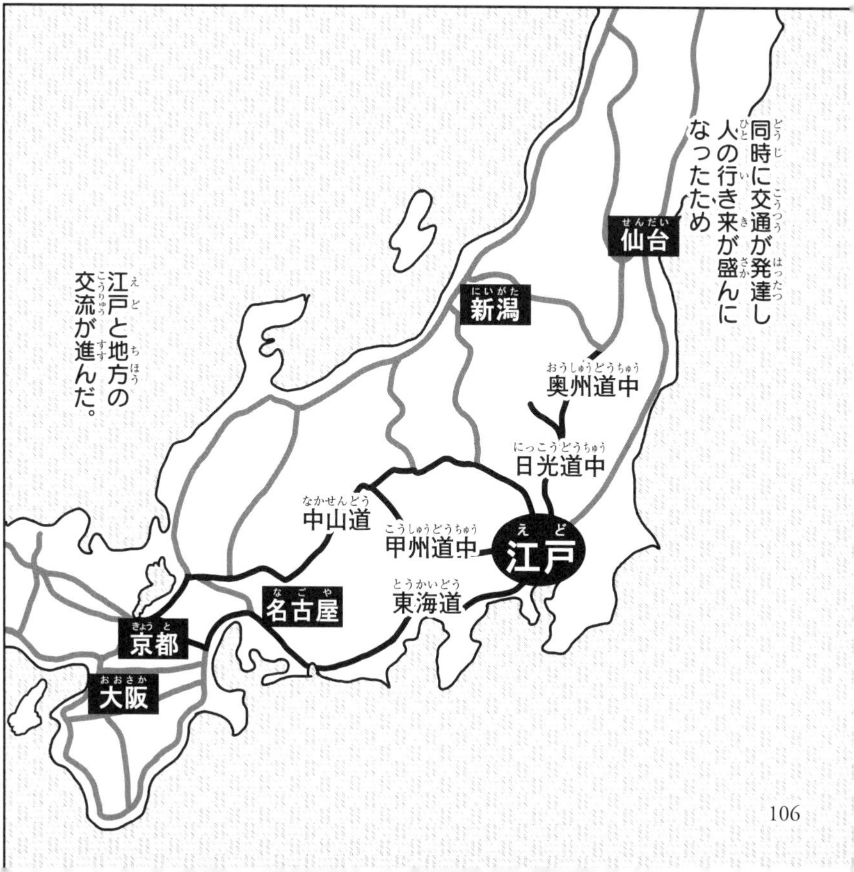

同時《どうじ》に交通《こうつう》が発達《はったつ》し
人《ひと》の行《い》き来《き》が盛《さか》んに
なったため
江戸《えど》と地方《ちほう》の
交流《こうりゅう》が進《すす》んだ。
仙台《せんだい》
新潟《にいがた》
奥州道中《おうしゅうどうちゅう》
日光道中《にっこうどうちゅう》
中山道《なかせんどう》
甲州道中《こうしゅうどうちゅう》
江戸《えど》
名古屋《なごや》
東海道《とうかいどう》
京都《きょうと》
大阪《おおさか》

一年後《ねんご》
おい 見《み》えたぞ
ついに お国《くに》に 帰《かえ》ってきたぞ！
改《あらた》めて 見《み》ると 江戸《えど》ほど ではないが わが国元《くにもと》も 立派《りっぱ》なもんじゃ ないか
それぞれの大名《だいみょう》の 国元《くにもと》でも 江戸《えど》と同《おな》じく 城下町《じょうかまち》が形作《かたちづく》られ 機能《きのう》していた。

人《ひと》びとは町人地《ちょうにんち》
武家地《ぶけち》
寺社地《じしゃち》に
分《わ》かれて住《す》み
城《しろ》を中心《ちゅうしん》とした
生活《せいかつ》を営《いとな》んだ。
幕府《ばくふ》
このようにして
それぞれの独立《どくりつ》した藩《はん》を
統一政権《とういつせいけん》である
幕府《ばくふ》が束《たば》ねる
「幕藩体制《ばくはんたいせい》」は
ますます
強化《きょうか》されていった。
藩《はん》
藩《はん》
藩《はん》

江戸城《えどじょう》
改易《かいえき》!!
熊本藩《くまもとはん》五十二万石《まんごく》
加藤忠広《かとうただひろ》!
＊謀反《むほん》の疑《うたが》いで改易《かいえき》!!
家光《いえみつ》は大名《だいみょう》の改易《かいえき》を厳《きび》しく進《すす》めた。
改易《かいえき》!!
改易《かいえき》!!
そしてそれは自分《じぶん》の親族《しんぞく》に対《たい》しても例外《れいがい》ではなかった。
徳川忠長《とくがわただなが》!!
はい!?

＊謀反《むほん》…君主《くんしゅ》にそむいて兵《へい》を挙《あ》げること。

わが弟《おとうと》ながらかってなふるまいが多《おお》い！
ビシッ
改易《かいえき》!!
そんな兄上《あにうえ》!?
忠長《ただなが》はその後《あと》自害《じがい》に追《お》いこまれ
家光《いえみつ》の政治《せいじ》は諸大名《しょだいみょう》をふるえあがらせた。
弟君《おとうとぎみ》の忠長様《ただながさま》にもこんなに厳《きび》しいとは…
幕府《ばくふ》ににらまれたらお家《いえ》がつぶされる
跡継《あとつ》ぎがいなければお家断絶《いえだんぜつ》だ

みなの者《もの》
よく聞《き》け!!
わが祖父《そふ》 わが父《ちち》は
そなたらとともに戦《たたか》い
時《とき》には
助《たす》けてもらったことも
あるかもしれない…

しかしこの家光《いえみつ》はちがう!!
生《う》まれながらにして将軍《しょうぐん》となることを約束《やくそく》された選《えら》ばれた人間《にんげん》なのだ!!

ははー
こうして家光《いえみつ》の圧倒的《あっとうてき》な権威《けんい》により徳川家《とくがわけ》の力《ちから》はますます強《つよ》くなっていった。

第《だい》3章《しょう》 江《え》戸《ど》幕《ばく》府《ふ》と国《こく》際《さい》関《かん》係《けい》

明《みん》
(現在《げんざい》の中国《ちゅうごく》)
日本《にほん》
長崎《ながさき》
平戸《ひらど》
マカオ
ゴア
マニラ
マラッカ
インド洋《よう》
明《みん》
台湾《たいわん》
トンキン
マカオ
シャム
バンコク
ルソン
マニラ
カンボジア
マラッカ
ブルネイ
ボルネオ

キリシタン(キリスト教徒《きょうと》)
天草四郎《あまくさしろう》(益田時貞《ますだときさだ》)
江戸幕府《えどばくふ》は国内《こくない》だけではなく、外国《がいこく》との関係《かんけい》にも目《め》を光《ひか》らせた。

朱印船貿易《しゅいんせんぼうえき》(━主《おも》な航路《こうろ》)
江戸幕府《えどばくふ》から与《あた》えられた朱印状《しゅいんじょう》を持《も》った西国《さいごく》の大名《だいみょう》や京都《きょうと》、堺《さかい》(大阪府《おおさかふ》)、長崎《ながさき》などの商人《しょうにん》が、ルソン(フィリピン諸島《しょとう》で最大《さいだい》の島《しま》)やシャム(現在《げんざい》のタイ)など東南《とうなん》アジアと行《おこな》った貿易《ぼうえき》。

南蛮貿易《なんばんぼうえき》（━・━主《おも》な航路《こうろ》）
南蛮船《なんばんせん》（ポルトガル船《せん》など）との貿易《ぼうえき》。
（南蛮《なんばん》の商人《しょうにん》は主《おも》に明《みん》で生糸《きいと》を仕入《しい》れ
それを日本《にほん》で売《う》る中継貿易《なかつぎぼうえき》を行《おこな》っていた。）
太平洋《たいへいよう》
北《きた》アメリカ
ポルトガル
大西洋《たいせいよう》
スペイン
ハバナ
マニラへ
アフリカ
南《みなみ》アメリカ
喜望峰《きぼうほう》
外国《がいこく》との貿易《ぼうえき》は
大《おお》きな富《とみ》をもたらす一方《いっぽう》で
キリスト教《きょう》というなやみの種《たね》も
もたらすこととなる。
損得両方《そんとくりょうほう》を考《かんが》えた結果《けっか》
幕府《ばくふ》が出《だ》した答《こた》えは…？
オランダ船《せん》の
イギリス人水先案内人《じんみずさきあんないにん》
ウィリアム・アダムズ
（三浦按針《みうらあんじん》）

時《とき》はさかのぼり 徳川家康《とくがわいえやす》が征夷大将軍《せいいたいしょうぐん》になった翌年《よくねん》 一六〇四年《ねん》。
いいか みなの者《もの》 わが国《くに》を豊《ゆた》かにするには 国内《こくない》の政策《せいさく》だけでは 足《た》りない
特《とく》にシャムやルソンなど 南洋《なんよう》の国《くに》ぐにと行《おこな》う 朱印船貿易《しゅいんせんぼうえき》と
スペインや ポルトガルとの 南蛮貿易《なんばんぼうえき》
これらは 今《いま》の幕府《ばくふ》には 欠《か》かせないものだ

して…
その後《ご》 朱印船《しゅいんせん》の状況《じょうきょう》はどうじゃ？
はい
うまくいきはじめております
三年《ねん》ほど前《まえ》に家康様《いえやすさま》から各国《かっこく》との外交《がいこう》を再開《さいかい》する命令《めいれい》を受《う》けたときは
正直《しょうじき》どうなることかと思《おも》いましたが…
幕府《ばくふ》の渡航許可証《とこうきょかしょう》「朱印状《しゅいんじょう》」を持《も》った船以外《ふねいがい》とは交易《こうえき》しないよう南洋《なんよう》の国《くに》ぐにに知《し》らせた結果《けっか》
うまくいっているようです
これがないとダメ！
マカオ・トンキン・ルソン・シャム・バンコク・マラッカ……など
それは良《よ》かった

気《き》になるのは南蛮貿易《なんばんぼうえき》のほうで南蛮船《なんばんせん》でやってくるキリシタンたちは最近《さいきん》では*奥州《おうしゅう》でも*布教《ふきょう》を行《おこな》っているとか
…まあ 南蛮貿易《なんばんぼうえき》による収入《しゅうにゅう》を考《かんが》えればある程度《ていど》しかたなかろう
のう？ アダムズ

＊奥州《おうしゅう》…陸奥国《むつのくに》。現在《げんざい》の福島《ふくしま》、宮城《みやぎ》、岩手《いわて》、青森《あおもり》の各県《かくけん》と秋田県《あきたけん》の一部《いちぶ》。東北地方全体《とうほくちほうぜんたい》を指《さ》すこともある。

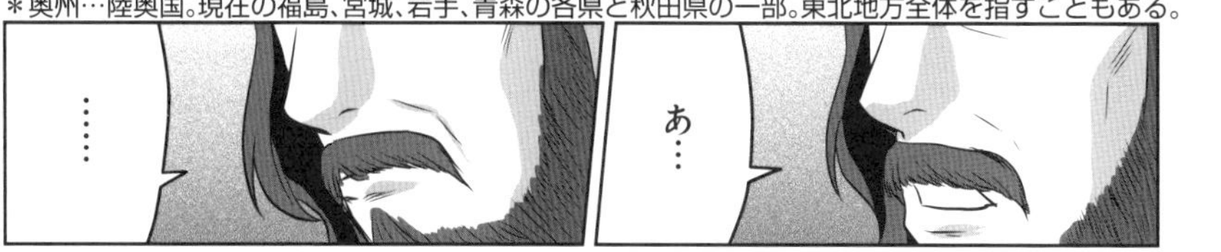
あ…
……

＊布教《ふきょう》…ある宗教《しゅうきょう》を一般《いっぱん》に広《ひろ》めること。

…わたしの乗《の》っていたオランダの商船《しょうせん》が豊後《ぶんご》（現在《げんざい》の大分県《おおいたけん》）に漂着《ひょうちゃく》
その後《ご》 家康様《いえやすさま》にめしかかえられて三浦按針《みうらあんじん》という名《な》をいただいたこと感謝《かんしゃ》しています

ですから どうか わたしのことは 按針《あんじん》とおよび ください
ははは そうか …では按針《あんじん》
お主《ぬし》は 南蛮貿易《なんばんぼうえき》について どう思《おも》っている？
かつて秀吉様《ひでよしさま》が ＊伴天連追放令《バテレンついほうれい》を 出《だ》した気持《きも》ちが 分《わ》かります
日本《にほん》を外国《がいこく》の 脅威《きょうい》から守《まも》る ためには必要《ひつよう》な こと…
しかしこれからは 諸外国《しょがいこく》をこばむ 時代《じだい》ではござい ません

＊伴天連《バテレン》…神父《しんぷ》や司祭《しさい》にあたる聖職者《せいしょくしゃ》。

最近《さいきん》では *カトリックである スペインやポルトガル のほか
*プロテスタントの オランダや わたしの祖国《そこく》・イギリス
ほかにも 南洋諸国《なんようしょこく》の間《あいだ》でも 貿易《ぼうえき》がどんどん 行《おこな》われております
このまま 諸外国《しょがいこく》と上手《じょうず》に つきあえば 日本《にほん》は さらに豊《ゆた》かな国《くに》と なるでしょう
ふうむ
キリシタンに ついては無視《むし》は できんが
今《いま》は南蛮貿易《なんばんぼうえき》の もたらす利益《りえき》 のほうが大切《たいせつ》じゃ…

＊カトリック…ローマ法王《ほうおう》を頂点《ちょうてん》とするローマ・カトリック教会《きょうかい》を指《さ》す。
＊プロテスタント…カトリックに抗議《こうぎ》(protest《プロテスト》)して生《う》まれたキリスト教《きょう》の一派《いっぱ》。

しかし近年《きんねん》 南蛮船《なんばんせん》の もたらす明《みん》の 生糸《きいと》の代金《だいきん》として わが国《くに》の銀《ぎん》が どんどん流出《りゅうしゅつ》して いるのが 気《き》になります
ニヤリ
それに関《かん》しては「糸割符制度《いとわっぷせいど》」という 手《て》を打《う》った
ザワ…
糸割符制度《いとわっぷせいど》!?
そう…
この制度《せいど》により わが国《くに》の 生糸貿易《きいとぼうえき》は大《おお》きく 変《か》わるだろう

一六〇八年《ねん》
長崎《ながさき》
京都《きょうと》の商人《しょうにん》
茶屋又四郎《ちゃやまたしろう》
（後《のち》の茶屋四郎次郎《ちゃやしろうじろう》）
にぎやかでございますな茶屋様《ちゃやさま》
ガヤガヤ
ああ
この町《まち》がどんどん栄《さか》えて活気《かっき》が出《で》るのは良《よ》いことだ
ニ
おおっこれはみごとな鮫皮《さめがわ》だな

鮫皮《さめがわ》は刀《かたな》の柄《つか》に巻《ま》いて使《つか》われる重要《じゅうよう》なもの…人気《にんき》が高《たか》いことでしょう
そのほかたくさんの一流《いちりゅう》の品物《しなもの》が各国《かっこく》から日本《にほん》に集《あつ》まってきております
生糸《きいと》・絹織物《きぬおりもの》
綿織物《めんおりもの》
鹿皮《じかがわ》
＊蘇木《そぼく》
砂糖《さとう》
薬草《やくそう》
＊蘇木《そぼく》…赤色《あかいろ》の染料《せんりょう》または薬《やく》材《ざい》として用《もち》いられた。
とはいえ異国《いこく》から物《もの》を買《か》ってばかりでは日本《にほん》から銀《ぎん》がどんどん出《で》ていってしまいますな
特《とく》に生糸《きいと》の値《ね》は上《あ》がる一方《いっぽう》ですし…

だからこそ 家康様《いえやすさま》が「糸割符制度《いとわっぷせいど》」を 導入《どうにゅう》なさったのだ
そ そうで ございましたね
茶屋様《ちゃやさま》を中心《ちゅうしん》として 開始《かいし》された 糸割符制度《いとわっぷせいど》のおかげで
以前《いぜん》のように 南蛮人《なんばんじん》の言《い》いなりに なることなく 価格《かかく》も安定《あんてい》して おります
幕府《ばくふ》が定《さだ》めた「糸割符制度《いとわっぷせいど》」とは
貿易《ぼうえき》を管理《かんり》し 生糸《きいと》の価格《かかく》を 調整《ちょうせい》するための 制度《せいど》であった。

まず京都《きょうと》・堺《さかい》・
長崎《ながさき》などの特定《とくてい》の商人《しょうにん》に
「糸割符仲間《いとわっぷなかま》」を作《つく》らせ
輸入生糸《ゆにゅうきいと》の価格決定《かかくけってい》と
まとめ買《が》いを許可《きょか》。
仕入《しい》れた大量《たいりょう》の
生糸《きいと》を国内《こくない》の
商人《しょうにん》に売《う》るという
ものである。
しかしなぜ
この制度《せいど》があると
値上《ねあ》がりを
防《ふせ》ぐことが
できるのでしょう…
ふふっ
考《かんが》えても
みろ

今《いま》までは日本《にほん》の商人《しょうにん》は 誰《だれ》でも外国《がいこく》の商人《しょうにん》から 生糸《きいと》を買《か》うことができたが この制度《せいど》によって 糸割符仲間以外《いとわっぷなかまいがい》の 商人《しょうにん》は糸《いと》が 買《か》えなくなった…
外国《がいこく》の商人《しょうにん》は 糸割符仲間《いとわっぷなかま》にしか 糸《いと》を売《う》ることができない…
商人《しょうにん》

＊屏風《びょうぶ》…室内《しつない》に立《た》てて仕切《しき》りや飾《かざ》りにする家具《かぐ》。　＊扇子《せんす》…あおいで風《かぜ》を起《お》こす道具《どうぐ》。

このくらいの 価格《かかく》なら 買《か》うぞ！
ほかでは買《か》って くれないから 君《きみ》たちの 言《い》うとおりの値《ね》で 売《う》るしかない…
糸割符仲間《いとわっぷなかま》
外国商人《がいこくしょうにん》
こんなぐあいで 取《と》り引《ひ》きを日本《にほん》にとって 有利《ゆうり》に進《すす》められる ようにしたんだ
なるほど！
実《じつ》に巧妙《こうみょう》ですな 最近《さいきん》は銀以外《ぎんいがい》にも 銅《どう》・鉄《てつ》のほか ＊屏風《びょうぶ》・＊扇子《せんす》・＊蒔絵製品《まきえせいひん》なども 好調《こうちょう》に売《う》れているよう ですし
まだまだ もうけられそうだな

＊蒔絵《まきえ》…うるしで絵《え》をえがき、金《きん》、銀《ぎん》、スズ、色粉《いろこ》などを付着《ふちゃく》させた工芸品《こうげいひん》。

ふふっ
そうか そうか
朱印船貿易《しゅいんせんぼうえき》や南蛮貿易《なんばんぼうえき》に協力《きょうりょく》し利益《りえき》の一部《いちぶ》を幕府《ばくふ》に納《おさ》めれば
後《あと》はわれわれの思《おも》いのままだ
ハッハハハハ
一六一二年《ねん》
ふぅむ
しばらく諸外国《しょがいこく》との貿易《ぼうえき》を活発《かっぱつ》にやってきたがやはり問題《もんだい》はキリシタンだな…
やつらは布教《ふきょう》を通《とお》して日本《にほん》で領地《りょうち》を手《て》に入《い》れようとたくらんでおる…

これ以上《いじょう》は見過《みす》ごせん…キリスト教《きょう》を禁《きん》ずる！
キリスト教徒《きょうと》の動《うご》きを気《き》にした家康《いえやす》は一六一二年《ねん》、まず幕府領《ばくふりょう》に「禁教令《きんきょうれい》」を出《だ》しキリスト教《きょう》の布教禁止《ふきょうきんし》と＊南蛮寺《なんばんじ》の破壊《はかい》を命《めい》じた。

＊南蛮寺《なんばんじ》…教会《きょうかい》のこと。

家康様《いえやすさま》の周囲《しゅうい》にも大勢《おおぜい》のキリシタンがいたとかみな追放《ついほう》されたそうですが…
あーおそろしい

キリシタンと関係《かんけい》なく
外国《がいこく》との貿易《ぼうえき》自体《じたい》も考《かんが》え直《なお》す時期《じき》に来《き》ているのかもしれん…

現在《げんざい》 各藩《かくはん》の 大名《だいみょう》たちが各自《かくじ》の 貿易《ぼうえき》を行《おこな》っておる… このままでは それぞれが経済力《けいざいりょく》を つけすぎてしまう からのう…
孫《まご》の*竹千代《たけちよ》が 将軍《しょうぐん》となる までには 外国《がいこく》との つきあい方《かた》を 変《か》えておく必要《ひつよう》がある
*後《のち》の徳川家光《とくがわいえみつ》。
やがて家康《いえやす》が 死去《しきょ》…。
政治《せいじ》の 実権《じっけん》が息子《むすこ》 秀忠《ひでただ》に移《うつ》る。
ふふ…ついに わたしの時代《じだい》が 来《き》たのだ
第《だい》2代将軍《だいしょうぐん》 徳川秀忠《とくがわひでただ》 (在職《ざいしょく》1605～23年《ねん》)

父上《ちちうえ》の時代《じだい》に禁教令《きんきょうれい》が出《で》たようにキリスト教《きょう》は国《くに》を危《あや》うくする
これまでは貿易《ぼうえき》を優先《ゆうせん》して見《み》のがしていた部分《ぶぶん》もあったが――
今後《こんご》はますますキリシタンを厳《きび》しく取《と》りしまっていくこととする!!
おそれながらキリシタンだけでなく
貿易《ぼうえき》で利益《りえき》を上《あ》げている各大名《かくだいみょう》の動《うご》きも警戒《けいかい》されたほうがよいかと…
でしたら幕府《ばくふ》が指定《してい》した港《みなと》だけで貿易《ぼうえき》を許可《きょか》するというのはどうでしょう!?
おお!

そうすれば幕府《ばくふ》が貿易《ぼうえき》の利益《りえき》を独占《どくせん》できるということか
はい！
なるほど一理《いちり》あるな
では明《みん》は別《べつ》として
貿易船《ぼうえきせん》が入《はい》れるのは長崎《ながさき》と平戸《ひらど》に限定《げんてい》しよう
一六二三年《ねん》秀忠《ひでただ》の後《あと》を継《つ》いで将軍《しょうぐん》となった息子《むすこ》の家光《いえみつ》は
家康《いえやす》たちと同様《どうよう》用心深《ようじんぶか》く外交問題《がいこうもんだい》に向《む》き合《あ》った。
第《だい》3代将軍《だいしょうぐん》
徳川家光《とくがわいえみつ》
（在職《ざいしょく》1623～51年《ねん》）

朱印船《しゅいんせん》を海外《かいがい》に出《だ》せば
キリスト教《きょう》が入《はい》ってくる
それはさけねばならないし
国内《こくない》にかくれている
キリシタンも
とらえねばならぬ
こうして日本《にほん》は
*鎖国《さこく》への道《みち》を
一歩《いっぽ》ずつ進《すす》んで
いったのだった。
＊鎖国《さこく》…国《くに》が外国《がいこく》との交流《こうりゅう》を断絶《だんぜつ》もしくは極度《きょくど》に制限《せいげん》すること。
一六三三年《ねん》
江戸城《えどじょう》
なぁ
「奉書船《ほうしょせん》」って
知《し》ってるか？
ああ

朱印状《しゅいんじょう》に加《くわ》えて老中《ろうじゅう》が書《か》いた「奉書《ほうしょ》」という許可証《きょかしょう》を持《も》った船《ふね》のことだろ?
幕府《ばくふ》はその奉書船《ほうしょせん》以外《いがい》の日本船《にほんせん》が海外《かいがい》に出《で》るのを禁止《きんし》するらしいぞ…
なんだって!?
しかも外国《がいこく》に五年以上《ねんいじょう》住《す》んでいる日本人《にほんじん》は帰国《きこく》できないらしい
ではシャムにいる山田長政殿《やまだながまさどの》ももどってこられないのか…?
…知《し》らないのか?
山田殿《やまだどの》は亡《な》くなったそうだぞ
なんと…!

山田長政《やまだながまさ》とは
一六二〇年《ねん》ころ
シャムのアユタヤで
日本町《にほんまち》の長《おさ》を
していた人物《じんぶつ》で
ある。
まげを結《ゆ》い
日本《にほん》から取《と》りよせた
日本酒《にほんしゅ》を飲《の》んで
ごうかな暮《く》らしを
していた長政《ながまさ》。
一方《いっぽう》で、シャム国王《こくおう》
ソンタムに信頼《しんらい》され
日本人部隊《にほんじんぶたい》を率《ひき》いて
スペイン軍《ぐん》と戦《たたか》ったり
シャムと江戸幕府《えどばくふ》との
間《あいだ》を取《と》りもったりした。

勇気《ゆうき》のある お方《かた》だったが シャム王族《おうぞく》の争《あらそ》いに 巻《ま》きこまれ 毒殺《どくさつ》されたって 話《はなし》だよ
…そう だったのか
このころ 長政《ながまさ》だけでなく 国《くに》を追《お》われた 日本人《にほんじん》キリシタンや 浪人《ろうにん》などが 東南《とうなん》アジア各地《かくち》に 渡《わた》り、日本町《にほんまち》を 造《つく》っていた。
日本人《にほんじん》の海外進出《かいがいしんしゅつ》とともに 各地《かくち》の日本町《にほんまち》は 発展《はってん》していったが
幕府《ばくふ》の政策《せいさく》により 朱印船貿易《しゅいんせんぼうえき》がおとろえて いくのと同時《どうじ》に 日本町《にほんまち》は解体《かいたい》されて いった。
しかし、幕府《ばくふ》はすべての国《くに》と 手《て》を切《き》ったわけでは なく――

一六三六年《ねん》
江戸《えど》
わあぁ

ありゃ 何《なん》だい
＊朝鮮《ちょうせん》通信使《つうしんし》だってさ
なんてきれいなんだろう！
かれらはいったいどこに行《い》くんだ？
亡《な》くなられた大御所《おおごしょ》・家康様《いえやすさま》の祭《まつ》られている日光東照宮《にっこうとうしょうぐう》に向《む》かっているんだよ
ほぉ〜

＊朝鮮通信使《ちょうせんつうしんし》…朝鮮国王《ちょうせんこくおう》が派遣《はけん》した外交使節団《がいこうしせつだん》のこと。

そういえば今《いま》では各地《かくち》の殿様《とのさま》も朝鮮《ちょうせん》と漢文《かんぶん》で直接《ちょくせつ》やりとりしてるらしい
…あれ？

…でもよ 確《たし》か 朝鮮《ちょうせん》と日本《にほん》は しばらくの間《あいだ》 国交《こっこう》がなかった よな？
ああ 秀吉様《ひでよしさま》による *文禄《ぶんろく》・慶長《けいちょう》の役《えき》で 国交断絶《こっこうだんぜつ》しちまって たんだよ…

＊文禄《ぶんろく》・慶長《けいちょう》の役《えき》…1592〜98年《ねん》、豊臣秀吉《とよとみひでよし》が二度《にど》にわたり朝鮮《ちょうせん》を侵略《しんりゃく》した戦争《せんそう》。

そこで家康様《いえやすさま》は *対馬藩主《つしまはんしゅ》の宗氏《そうし》に おっしゃったんだ！
「朝鮮《ちょうせん》と外交《がいこう》を 回復《かいふく》できるよう 働《はたら》きかけよ！」
し しかし…
困《こま》ったな 秀吉様《ひでよしさま》の出兵《しゅっぺい》で 朝鮮《ちょうせん》との関係《かんけい》は最悪《さいあく》… うまくいくだろうか

＊国書《こくしょ》…元首《げんしゅ》がその国《くに》の名《な》で発《はっ》する外交文書《がいこうぶんしょ》。　＊現在《げんざい》の長崎県対馬市《ながさきけんつしまし》。

宗氏《そうし》が心配《しんぱい》した とおり、外交復活《がいこうふっかつ》の 提案《ていあん》に対《たい》し朝鮮《ちょうせん》は…
まず 先《さき》の侵略《しんりゃく》を 謝《あやま》る*国書《こくしょ》を 寄《よ》こせ！
そう条件《じょうけん》を 出《だ》した。

とはいえ家康様《いえやすさま》に
そのようなことを
お願《ねが》いするわけ
にはいかんし…
謝《あやま》れだと!?
よし…朝鮮《ちょうせん》と日本《にほん》の友好《ゆうこう》のためだ…しかたない
朝鮮《ちょうせん》も本音《ほんね》では＊国交《こっこう》を回復《かいふく》したがっているしだいじょうぶだろう
宗氏《そうし》は国書《こくしょ》とそれに対《たい》する朝鮮《ちょうせん》からの返書《へんしょ》をかってに書《か》きかえて両国《りょうこく》の交流《こうりゅう》がうまくいくようにした。
ザザァ…
ザァ…
そして一六〇七年《ねん》「回答兼刷還使《かいとうけんさっかんし》」という名《な》の使節団《しせつだん》が朝鮮《ちょうせん》から送《おく》られた。
これは「日本《にほん》からの国書《こくしょ》に答《こた》え連《つ》れ去《さ》られたほりょを朝鮮《ちょうせん》に連《つ》れ帰《かえ》る使《つか》い」という意味《いみ》であった。

＊このころ朝鮮《ちょうせん》は、女真族《じょしんぞく》（後《のち》の清《しん》）からの圧力《あつりょく》に対抗《たいこう》するために日本《にほん》と手《て》を結《むす》びたがっていた。

朝鮮《ちょうせん》からの
使節団《しせつだん》はその後《ご》
二度《ど》来日《らいにち》。
一六三六年《ねん》には
「朝鮮通信使《ちょうせんつうしんし》」と
名《な》を変《か》え
日本《にほん》と正式《せいしき》な
国交《こっこう》をもつ国《くに》
として、定期的《ていきてき》に
通信使《つうしんし》を送《おく》って
くるようになる。
このように
一部《いちぶ》の国《くに》と
仲良《なかよ》くする一方《いっぽう》
国内《こくない》では鎖国《さこく》に
向《む》けた動《うご》きが
活発《かっぱつ》になって
いった。
なかでも
キリスト教徒《きょうと》への
弾圧《だんあつ》は、特《とく》に
厳《きび》しいもので
あった…。

一六三七年《ねん》 ＊島原《しまばら》地方《ちほう》――
このころ 農民《のうみん》たちは藩主《はんしゅ》 松倉氏《まつくらし》からの 年貢《ねんぐ》の取《と》り立《た》てに苦《くる》しんでいた。
＊現在《げんざい》の長崎県島原市《ながさきけんしまばらし》。
お殿様《とのさま》 どうかお許《ゆる》し ください！
こんなに年貢《ねんぐ》を お納《おさ》めしたら わたしどもの 食《た》べる物《もの》が なくなります…！
文句《もんく》を 言《い》うな！
納《おさ》めないと言《い》うなら きつ〜い罰《ばつ》を与《あた》えて やろうかのう
肥前国島原藩主《ひぜんのくにしまばらはんしゅ》 松倉勝家《まつくらかついえ》
わが藩《はん》の＊石高《こくだか》を 正直《しょうじき》に 報告《ほうこく》し直《なお》せば よかったのでは…
コソッ
ギロリッ

＊石高《こくだか》…土地《とち》の生産性《せいさんせい》を米《こめ》の収穫高《しゅうかくだか》で表《あらわ》したもの。

初代藩主《しょだいはんしゅ》の代《だい》から
見栄《みえ》をはって幕府《ばくふ》に
石高《こくだか》を多《おお》く言《い》った
せいで 年貢《ねんぐ》も増《ふ》えて
しまったからなぁ
年貢《ねんぐ》の量《りょう》が
いくらなんでも
多《おお》すぎるよ…
おい
だいじょうぶか?
スッ
あぁ…
きっとおれたちは
救《すく》われる
それまでのがまんだ

なんでも
*天草《あまくさ》にいる四郎様《しろうさま》は
天《てん》の使者《ししゃ》という
うわさだ
学《まな》ぶ前《まえ》から
字《じ》を書《か》き
書《しょ》を読《よ》んだそうな
そりゃあ
本当《ほんとう》か!
盲人《もうじん》の目《め》に
四郎様《しろうさま》がさわると
見《み》えるようになった
んだとか

*熊本県天草市近辺《くまもとけんあまくさしきんぺん》の天草諸島《あまくさしょとう》。

きっと四郎様《しろうさま》がおれたちを救《すく》ってくださる…！
実《じつ》はこの地《ち》には昔《むかし》から多《おお》くのキリスト教徒《きょうと》が住《す》んでいたが秀吉《ひでよし》による禁教令《きんきょうれい》の後《あと》は厳《きび》しい弾圧《だんあつ》が行《おこな》われてきた。
*絵踏《えぶみ》でキリスト教徒《きょうと》かどうか調《しら》べられ
キリスト教徒《きょうと》と分《わ》かると逆《さか》さづりなどのざんこくな拷問《ごうもん》で信仰《しんこう》を捨《す》てさせようとした。
そのころ島原《しまばら》の近《ちか》くの天草《あまくさ》では――
そうですか島原《しまばら》でもそんなことが…
天草四郎《あまくさしろう》(益田時貞《ますだときさだ》)

*絵踏《えぶみ》…キリストやマリアの絵《え》(踏絵《ふみえ》)をふませてキリスト教徒《きょうと》かどうか調《しら》べること。

年貢《ねんぐ》を納《おさ》められないからと妻《つま》や子《こ》どもを人質《ひとじち》に取《と》られることもあるそうで…
島原《しまばら》では松倉《まつくら》の悪政《あくせい》にたえきれず一揆《いっき》を起《お》こそうとしています
おれたちだってもう限界《げんかい》です
それでなくてもこの一帯《いったい》はここ数年《すうねん》大雨《おおあめ》やら日照《ひで》りやらで不作《ふさく》続《つづ》き…
それに天草領主《あまくさりょうしゅ》の寺沢堅高《てらさわかたたか》の弾圧《だんあつ》はひどすぎる！もうがまんならねぇ

四郎様《しろうさま》!
島原《しまばら》と天草《あまくさ》の者《もの》で手《て》を組《く》み立《た》ち上《あ》がりましょう!!
四郎様《しろうさま》!
ズッ
ズッ
そうですね…
今《いま》こそ苦《くる》しい者同士《ものどうし》手《て》を取《と》り合《あ》い戦《たたか》うときなのかもしれません

だいじょうぶ…われわれには神《かみ》がついています！
オォーーッ!!
こうして厳《きび》しい年貢《ねんぐ》の取《と》り立《た》てに苦《くる》しむ農民《のうみん》たちは
宗教弾圧《しゅうきょうだんあつ》に苦《くる》しむキリスト教徒《きょうと》の浪人《ろうにん》や＊土豪《どごう》たちに指導《しどう》されて反乱《はんらん》を起《お》こした。
島原城《しまばらじょう》
原城《はらじょう》
天草《あまくさ》
オーッ
領主《りょうしゅ》や幕府《ばくふ》との戦《たたか》いに備《そな》えて今《いま》は使《つか》われていない原城《はらじょう》に行《い》きましょう

＊土豪《どごう》…その土地《とち》で有力《ゆうりょく》な一族《いちぞく》。

一六三七年《ねん》十月《がつ》に一揆《いっき》が始《はじ》まり
やがて天草四郎《あまくさしろう》を総大将《そうだいしょう》とした三万《まん》七千人《せんにん》もの民衆《みんしゅう》は原城《はらじょう》に立《た》てこもった。
これが「島原《しまばら》・天草一揆《あまくさいっき》」である。

この一揆《いっき》に対《たい》し
家光《いえみつ》は譜代大名《ふだいだいみょう》の
板倉重昌《いたくらしげまさ》を送《おく》る。
しかし
一揆軍《いっきぐん》は
手《て》ごわく
なかなか
攻《せ》め落《お》とすことが
できずにいた。
くそっ
しぶとい奴《やつ》らめ
総攻撃《そうこうげき》じゃ！
かかれ！
かかれ！
しかし、小《ちい》さな藩《はん》の
藩主《はんしゅ》に過《す》ぎなかった
板倉《いたくら》は配下《はいか》の大名《だいみょう》を
まとめられず、
無理《むり》な突撃《とつげき》をして
自身《じしん》が戦死《せんし》してしまう。

ワァァァッ
板倉《いたくら》を倒《たお》したぞ!
この調子《ちょうし》で時間《じかん》をかせげ!
きっとキリスト教《きょう》の国《くに》・ポルトガルが助《たす》けに来《き》てくれる!!
みなさん神《かみ》はきっとわれわれに味方《みかた》してくださいます
あきらめずがんばりましょう!
オォォッ
四郎様《しろうさま》の言《い》うとおりだ!
幕府軍《ばくふぐん》
よいかみなの者《もの》
むだに攻《せ》めるな!

やつらは死《し》をおそれぬ！
あの方《かた》はいったい…
知《し》らんのか？戦死《せんし》された板倉様《いたくらさま》に代《か》わって総大将《そうだいしょう》になられた老中《ろうじゅう》の松平信綱様《まつだいらのぶつなさま》だ！
ドーン
ドドン
ドドン
松平信綱《まつだいらのぶつな》は立《た》てこもる一揆軍《いっきぐん》に対《たい》し*兵糧攻《ひょうろうぜ》めを行《おこな》い
同時《どうじ》に当時《とうじ》ポルトガルと交戦中《こうせんちゅう》だったオランダにたのみ原城《はらじょう》を砲撃《ほうげき》してもらう。

*兵糧攻《ひょうろうぜ》め…食料《しょくりょう》を補給《ほきゅう》させないようにして弱《よわ》らせる攻《せ》め方《かた》。

ドーン
ゴオオッン
異国《いこく》の力《ちから》を借《か》りるとは情《なさ》けない…
原城《はらじょう》
兵糧《ひょうろう》攻《ぜ》めで一揆軍《いっきぐん》はみんな餓死寸前《がしすんぜん》…
食《た》べる物《もの》といえば海藻《かいそう》くらいしか…
みなさん！あきらめずに…
ドドンッ
ズズゥン
オ オランダの砲撃《ほうげき》！
幕府《ばくふ》にはオランダがついているのか！
ボンッ
ボボン
ポルトガルはわれわれのもとに来《き》てくれないのに…！

ドーン…
みんな…！
ドーーン
ズズ…
もうダメだ…！
おしまいだぁ…
うああ…
うう…
こうして一揆軍《いっきぐん》は
戦意《せんい》を失《うしな》い
一六三八年《ねん》
十三万《まん》四千人《せんにん》の
幕府軍《ばくふぐん》が原城《はらじょう》を総攻撃《そうこうげき》
一揆軍《いっきぐん》を制圧《せいあつ》した。
そして
天草四郎《あまくさしろう》の首《くび》は

細川家《ほそかわけ》の家臣《かしん》が取《と》り
一週間《しゅうかん》さらされた。
この一揆《いっき》の原因《げんいん》を作《つく》ったとされる松倉勝家《まつくらかついえ》は
改易《かいえき》のうえ斬首《ざんじゅ》となった。
一揆《いっき》をようやくおさめた家光《いえみつ》は――
江戸城《えどじょう》

島原《しまばら》・天草一揆《あまくさいっき》は 民衆《みんしゅう》の力《ちから》を あまく見《み》ていたため 制圧《せいあつ》に時間《じかん》がかかった…
これを教訓《きょうくん》とし 今後《こんご》 幕府《ばくふ》はキリスト教《きょう》の 取《と》りしまりを強化《きょうか》する！
日本《にほん》はキリスト教《きょう》を 広《ひろ》めない国《くに》ぐにとだけ 貿易《ぼうえき》する！
それ以外《いがい》は 認《みと》めぬ！
オランダ⇔長崎《ながさき》⇔明《みん》
朝鮮《ちょうせん》⇕対馬藩《つしまはん》
琉球《りゅうきゅう》⇕薩摩藩《さつまはん》
アイヌ⇕松前藩《まつまえはん》

一六三九年《ねん》には
長崎《ながさき》の出島《でじま》に住《す》む
ポルトガル人《ひと》を
全員追放《ぜんいんついほう》。
しっしっ
一六四一年《ねん》
平戸《ひらど》のオランダ商館《しょうかん》を
出島《でじま》に移《うつ》すと
オランダと明以外《みんいがい》の
船《ふね》の来航《らいこう》が禁止《きんし》され
二百年《ひゃくねん》におよぶ
「鎖国《さこく》」の時代《じだい》が
始《はじ》まったのである。
これからは
限《かぎ》られた国《くに》とだけ
貿易《ぼうえき》すればよい

出島《でじま》は一六三四年《ねん》から二年《ねん》をかけて長崎《ながさき》に造《つく》られた人工《じんこう》の島《しま》で
ポルトガル人《じん》を集《あつ》めた特別区《とくべつく》として貿易《ぼうえき》を行《おこな》った場所《ばしょ》である。
生糸《きいと》・絹織物《きぬおりもの》
鹿皮《しかがわ》・蘇木《そぼく》など
砂糖《さとう》
刀《かたな》・工芸品《こうげいひん》・着物《きもの》
金《きん》・銀《ぎん》
――これからはわれわれオランダ人《じん》が出島《でじま》に閉《と》じこめられるのか…
ポルトガル人《じん》は全員出国《ぜんいんしゅっこく》させられたというし…
昨年来航《さくねんらいこう》したポルトガル船《せん》はわが国《くに》の法《ほう》を守《まも》らぬゆえ
船《ふね》を焼《や》き乗組員《のりくみいん》は処刑《しょけい》した
えっ!?

そなたらも決《けっ》して
ギロリ
キリスト教《きょう》を布教《ふきょう》しようなどとは思《おも》わぬように！
ニホンの役人《やくにん》おそろしい…
出島《でじま》に入《はい》れる日本人《にほんじん》は商人《しょうにん》や通訳《つうやく》、役人《やくにん》、使用人《しようにん》などだけだったが
来航《らいこう》したオランダ人《じん》が海外《かいがい》の情報《じょうほう》をまとめて幕府《ばくふ》に提出《ていしゅつ》した『オランダ風説書《ふうせつがき》』は老中《ろうじゅう》たちの手《て》に渡《わた》り
貴重《きちょう》な海外《かいがい》の情報源《じょうほうげん》となっていた。

＊明《みん》は1644年《ねん》にほろび、その後《ごしん》、清(1616〜1912年《ねん》)が中国《ちゅうごく》を統一《とういつ》する。

長崎郊外《ながさきこうがい》
おい！ あの へいは何《なん》だい？ ずいぶん立派《りっぱ》だなぁ
＊清《しん》の商人《しょうにん》が住《す》む場所《ばしょ》で唐人屋敷《とうじんやしき》とよんでいるんだ
かれらは長崎《ながさき》にさまざまな文化《ぶんか》をもちこんだんだ
ペーロン競漕《きょうそう》
日本初《にほんはつ》のボートレース。暴風雨《ぼうふうう》のとき在留《ざいりゅう》の唐人《とうじん》が海神《かいじん》の怒《いか》りをしずめようと長崎港《ながさきこう》で競漕《きょうそう》したのがはじまり。白龍《バイロン》が語源《ごげん》。
長崎《ながさき》くんち
長崎《ながさき》の氏神《うじがみ》「諏訪神社《すわじんじゃ》」の祭礼《さいれい》。旧暦《きゅうれき》の9月9日《がつここのか》(くにち→くんち)を祝《いわ》う中国《ちゅうごく》の風習《ふうしゅう》が伝《つた》わった。
卓袱料理《しっぽくりょうり》
朱《しゅ》ぬりの円形《えんけい》テーブルで、大皿《おおざら》に人数分《にんずうぶん》の料理《りょうり》を盛《も》る配膳方式《はいぜんほうしき》の料理《りょうり》。
へぇ〜 長崎《ながさき》にいるのはオランダだけじゃないんだなぁ〜
そうさ
この時代《じだい》の日本《にほん》で長崎《ながさき》は珍《めずら》しく
世界《せかい》に開《ひら》かれた貴重《きちょう》な貿易港《ぼうえきこう》なんだ

だが、日本《にほん》が外国《がいこく》に対《たい》して
閉鎖的《へいさてき》な政策《せいさく》を
取《と》っている一方《いっぽう》
スペイン、ポルトガル
オランダ、イギリスなどの
諸外国《しょがいこく》は、高《たか》い航海技術《こうかいぎじゅつ》で
盛《さか》んに海《うみ》を渡《わた》り

アメリカ大陸《たいりく》や
東南《とうなん》アジアなど
世界《せかい》に進出《しんしゅつ》していった。

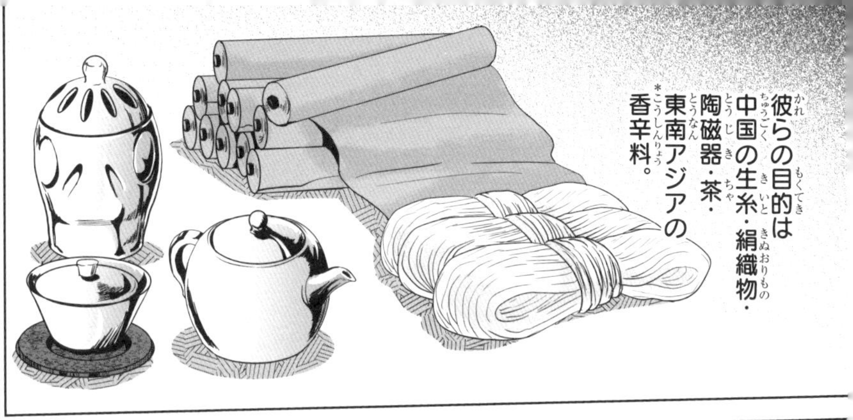
彼《かれ》らの目的《もくてき》は
中国《ちゅうごく》の生糸《きいと》・絹織物《きぬおりもの》・
陶磁器《とうじき》・茶《ちゃ》・
東南《とうなん》アジアの
*香辛料《こうしんりょう》。

アメリカ大陸《たいりく》の金《きん》
そしてスペイン・
ポルトガルの場合《ばあい》
キリスト教《きょう》の布教《ふきょう》も
目的《もくてき》の一つだった。

各国《かっこく》は武装《ぶそう》した
船団《せんだん》を送《おく》って
アメリカやアジアを
植民地化《しょくみんちか》していったのだ。

*香辛料《こうしんりょう》…調理《ちょうり》の際《さい》に香《かお》りや辛味《からみ》、色《いろ》を出《だ》すために加《くわ》える調味料《ちょうみりょう》。

オランダ
今帰《いまかえ》ったぞ
まあ！お帰《かえ》りなさいあなた!!
今回《こんかい》の航海《こうかい》はいかがでしたの？
ガチャッ
ああみやげがあるよあれをごらん
日本《にほん》で実《じつ》に良《よ》い品物《しなもの》を見《み》つけてきたよ

まあ…美《うつく》しいわ これは何《なに》かしら?
着物《きもの》さ
日本人《にほんじん》はこれに帯《おび》をしめて外《そと》を歩《ある》くんだ
キレイね〜
焼《や》き物《もの》もあるのね
*「有田焼《ありたやき》」さ 特《とく》に人気《にんき》のある 酒井田柿右衛門《さかいだかきえもん》の皿《さら》だよ
どれもすてきねぇ…

＊有田焼《ありたやき》…佐賀県西松浦郡有田町《さがけんにしまつうらぐんありたちょう》を中心《ちゅうしん》に焼《や》かれる磁器《じき》のこと。

こんな品物《しなもの》を作《つく》る日本《にほん》って…
幕府《ばくふ》が取《と》った鎖国政策《さこくせいさく》は、しだいに日本《にほん》を世界《せかい》から遠《とお》ざけていったのである。
どんな国《くに》なのかしらね…

第《だい》4章《しょう》　産業《さんぎょう》の発達《はったつ》と新《あたら》しい技術《ぎじゅつ》

鎖国《さこく》が進《すす》む一方《いっぽう》
国内《こくない》では
商業《しょうぎょう》が活発《かっぱつ》に行《おこな》われ
急速《きゅうそく》に交通網《こうつうもう》が
発達《はったつ》していった。
江戸《えど》の商人《しょうにん》
河村瑞賢《かわむらずいけん》

そして交易《こうえき》の範囲《はんい》はしだいに広《ひろ》がり南《みなみ》は琉球《りゅうきゅう》から北《きた》は蝦夷地《えぞち》にまでおよんでいた。
*小姓《こしょう》 八吉《やきち》

＊小姓《こしょう》…貴人《きじん》のそばに仕《つか》えて、身《み》の回《まわ》りの雑用《ざつよう》などを行《おこな》う役。

一六〇九年《ねん》
薩摩藩《さつまはん》は幕府《ばくふ》の
許《ゆる》しを得《え》て
ある国《くに》を征服《せいふく》した。

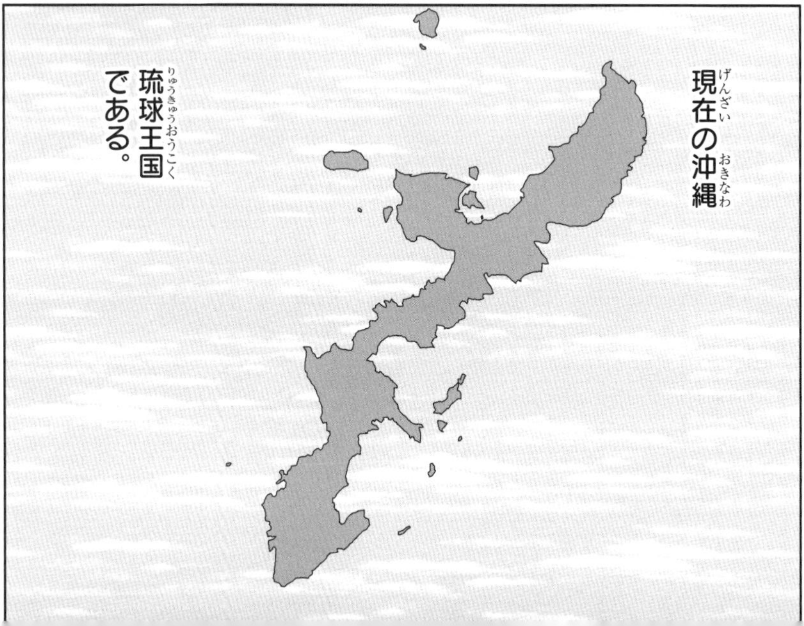
現在《げんざい》の沖縄《おきなわ》
琉球王国《りゅうきゅうおうこく》
である。

一六一〇年《ねん》 江戸城《えどじょう》
お前《まえ》が
琉球《りゅうきゅう》の王《おう》か
第《だい》2代将軍《だいしょうぐん》 徳川秀忠《とくがわひでただ》
はい…琉球《りゅうきゅう》の尚寧王《しょうねいおう》です 上様《うえさま》にごあいさつさせようと連《つ》れてまいりました
うむ ごくろうであった
薩摩藩主《さつまはんしゅ》 島津家久《しまづいえひさ》
尚寧王《しょうねいおう》
以降《いこう》、将軍《しょうぐん》や琉球《りゅうきゅう》の王《おう》が代《か》わるたびに島津氏《しまづし》は琉球《りゅうきゅう》の使節《しせつ》を江戸《えど》に送《おく》らせた。
ありゃ何《なん》だ？
琉球《りゅうきゅう》からやってきた＊慶賀使《けいがし》という使節団《しせつだん》らしいわよ！

＊慶賀使《けいがし》…将軍《しょうぐん》の代替《だいが》わりごとに琉球《りゅうきゅう》が派遣《はけん》したお祝《いわ》いの使節《しせつ》。

芭蕉布《ばしょうふ》
ウコン
黒砂糖《くろざとう》
つむぎ
琉球《りゅうきゅう》の農民《のうみん》は特産《とくさん》の *芭蕉布《ばしょうふ》・ウコン・黒砂糖《くろざとう》 *つむぎを年貢《ねんぐ》として 薩摩《さつま》へ差《さ》し出《だ》すことに なったが
納《おさ》められない 者《もの》には厳《きび》しい 罰《ばつ》が与《あた》えられた。
首里城《しゅりじょう》
薩摩藩《さつまはん》の役人《やくにん》
よいか
明《みん》に対《たい》しては 今後《こんご》も独立国《どくりつこく》 であるように ふるまうのだ

*芭蕉布《ばしょうふ》…芭蕉《ばしょう》（バショウ科《か》の大型多年草《おおがたたねんそう》）の繊維《せんい》から取《と》った糸《いと》で織《お》った布《ぬの》。

*つむぎ…絹織物《きぬおりもの》の一種《いっしゅ》。

あの巨大《きょだい》な明国《みんこく》に
みつぎ物《もの》を送《おく》り
支配《しはい》されている国《くに》と
認《みと》めてもらうことで
たくさんの返礼《へんれい》の品《しな》を
受《う》け取《と》れる朝貢貿易《ちょうこうぼうえき》…
明《みん》
薩摩《さつま》
奄美大島《あまみおおしま》
琉球《りゅうきゅう》
しかし琉球《りゅうきゅう》が
日本《にほん》の支配下《しはいか》となり
国《くに》と認《みと》められなく
なれば その貿易《ぼうえき》が
できなくなるからな
分《わ》かった
薩摩藩《さつまはん》は琉球《りゅうきゅう》から
特産品《とくさんひん》や明《みん》との貿易《ぼうえき》で
得《え》た絹織物《きぬおりもの》などを
取《と》り上《あ》げ
それを日本《にほん》
国内《こくない》で売《う》り
大《おお》きな利益《りえき》を
上《あ》げるようになった。

琉球《りゅうきゅう》のとある民家《みんか》
これがこんぶかめずらしいなぁ
ここからずっと北《きた》の地《ち》で取《と》れたものなんだって
いりこ
こんぶ
ふかひれ
干《ほし》あわび
松前藩《まつまえはん》
なんでも蝦夷地《えぞち》*で松前藩《まつまえはん》がアイヌの人《ひと》びとから買《か》いつけて
それが日本海沿岸《にほんかいえんがん》を通《とお》って琉球《りゅうきゅう》へ運《はこ》ばれてきて
ここからさらに大陸《たいりく》にも売《う》られるらしいよ
へぇ〜
交易《こうえき》が盛《さか》んになったからこうして遠《とお》いところの物《もの》が手《て》に入《はい》るってわけだな!

*現在《げんざい》の北海道《ほっかいどう》。

＊和人《わじん》…アイヌの人《ひと》びとから見《み》たアイヌ以外《いがい》の日本人《にほんじん》。

アイヌの人《ひと》びとは、ほかにも
＊和人《わじん》にさまざまな物《もの》を売《う》り
和人《わじん》もまた多《おお》くの物《もの》を
アイヌの人《ひと》びとに売《う》った。
アイヌ
にしん
エゾ綿《わた》
たら
毛皮《けがわ》
こんぶ
米《こめ》
木綿《もめん》
酒《さけ》
漆器《しっき》
鉄製品《てつせいひん》
和人《わじん》
順調《じゅんちょう》かと
思《おも》われたこの
交易《こうえき》だったが
アイヌ側《がわ》には
大《おお》きな不満《ふまん》が
あった。
一六六九年《ねん》
蝦夷地《えぞち》
＊シブチャリ
おい！
何《なん》で松前藩《まつまえはん》と
しか商売《しょうばい》でき
ないんだ!?
しかたないだろ
江戸幕府《えどばくふ》の
命令《めいれい》なんだよ

＊現在《げんさい》の北海道《ほっかいどう》日高郡新《ひだかぐんしん》ひだか町静内地区《ちょうしずないちく》。

それで
ほかの和人《わじん》が品物《しなもの》を
買《か》ってくれないと
なると
松前《まつまえ》の言《い》う値段《ねだん》を
受《う》け入《い》れるしかない…
結果《けっか》 ひどく
安《やす》く買《か》われて
しまう…
それに 和人《わじん》が
大勢《おおぜい》この地《ち》に
入《はい》ってきたせいで
住《す》むところを追《お》われた
アイヌの人《ひと》びともいる
和人《わじん》地《ち》
それだけじゃ
ないぞ!
和人《わじん》が持《も》ちこんだ
酒《さけ》のせいで
働《はたら》かなくなったり
人《ひと》が変《か》わっちまったりした
やつがたくさんいる
んだよ!!
ヒック
酒《さけ》もって
こぉ〜い

おい　このまま　だまっていて　いいのか!?
これ以上《いじょう》　和人《わじん》の　好《す》きにさせては　ならんっ!!
一六六九年《ねん》
—シャクシャインの戦《たたか》い—
和人《わじん》への反感《はんかん》は　高《たか》まりつづけ
シブチャリの首長《しゅちょう》　シャクシャインは　各地《かくち》のアイヌに　よびかけ
武器《ぶき》を手《て》に　立《た》ち上《あ》がった。

ワァァァァ

和人《わじん》どもは鉄砲隊《てっぽうたい》を出《だ》してきましたが負《ま》けじと応戦中《おうせんちゅう》です！
そうか
首長様《しゅちょうさま》!!

＊ぎせい…目的達成《もくてきたっせい》のために命《いのち》を引《ひ》きかえにすること。

松前藩《まつまえはん》が「ひとつ話《はな》し合《あ》いで解決《かいけつ》しよう」と＊講和《こうわ》をもちかけてきました！
よかろう
これ以上《いじょう》＊ぎせいを出《だ》さずに済《す》むのなら

＊講和《こうわ》…取《と》り決《き》めを結《むす》び、争《あらそ》いをやめること。

松前藩《まつまえはん》のさそいを受《う》け
講和《こうわ》の席《せき》に着《つ》いた
シャクシャイン
しかしそれは
松前藩《まつまえはん》の仕組《しく》んだ
わなだった。
今《いま》だ
殺《ころ》せっ!!
ぐわあああ
シャクシャインを
殺《ころ》されたアイヌは
降伏《こうふく》。
松前藩《まつまえはん》はさらに
蝦夷《えぞ》への支配《しはい》を
強《つよ》め
より多《おお》くの
特産品《とくさんひん》を
本州《ほんしゅう》や沖縄《おきなわ》に
送《おく》った。

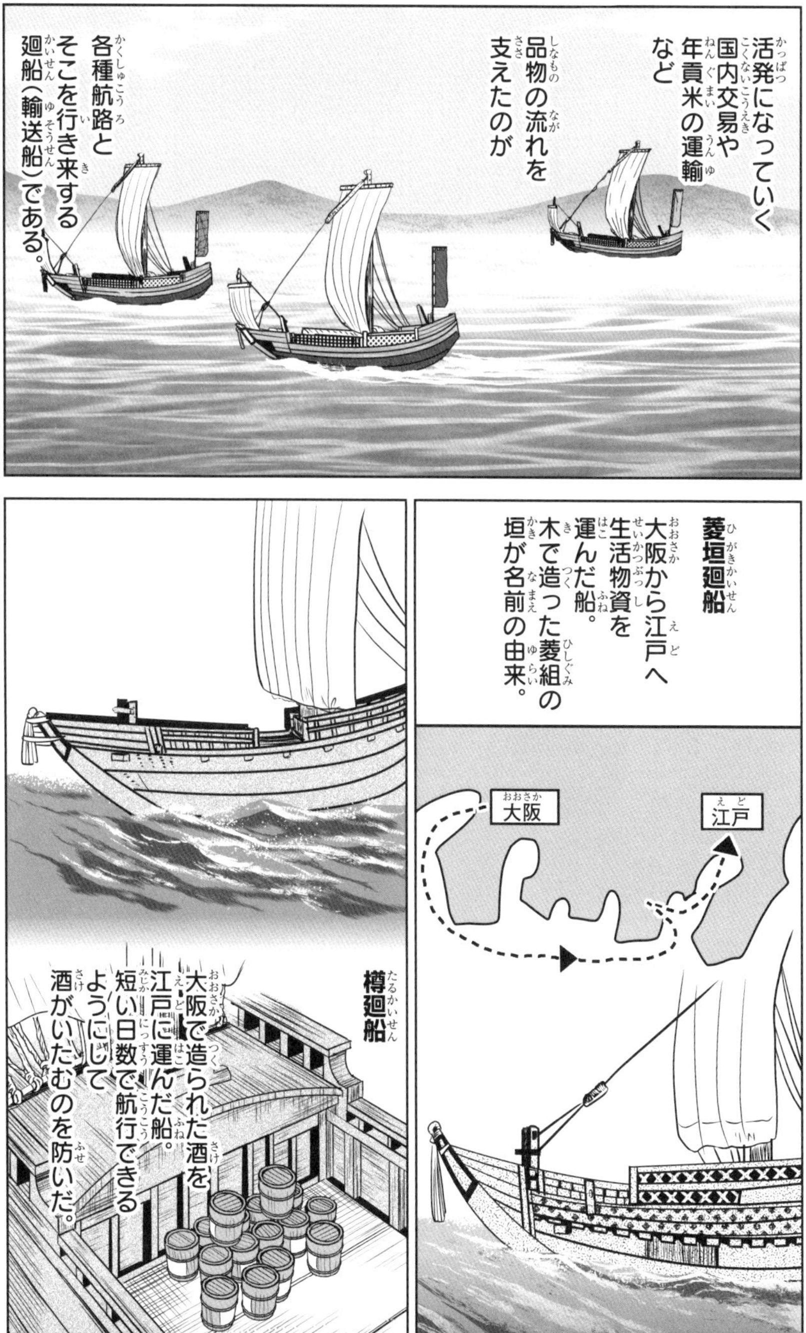
活発《かっぱつ》になっていく
国内交易《こくないこうえき》や
年貢米《ねんぐまい》の運輸《うんゆ》
など
品物《しなもの》の流《なが》れを
支《ささ》えたのが
各種航路《かくしゅこうろ》と
そこを行《い》き来《き》する
廻船《かいせん》（輸送船《ゆそうせん》）である。
菱垣廻船《ひがきかいせん》
大阪《おおさか》から江戸《えど》へ
生活物資《せいかつぶっし》を
運《はこ》んだ船《ふね》。
木《き》で造《つく》った菱組《ひしぐみ》の
垣《かき》が名前《なまえ》の由来《ゆらい》。
大阪《おおさか》
江戸《えど》
樽廻船《たるかいせん》
大阪《おおさか》で造《つく》られた酒《さけ》を
江戸《えど》に運《はこ》んだ船《ふね》。
短《みじか》い日数《にっすう》で航行《こうこう》できる
ようにして
酒《さけ》がいたむのを防《ふせ》いだ。

北前船《きたまえぶね》
松前《まつまえ》
新潟《にいがた》
下関《しものせき》
大阪《おおさか》
江戸《えど》中期《ちゅうき》〜明治《めいじ》前期《ぜんき》
商品《しょうひん》を売《う》り買《か》い
しながら回《まわ》った船《ふね》。
大阪《おおさか》を出《で》て瀬戸内海《せとないかい》
下関《しものせき》を回《まわ》り
日本海沿岸《にほんかいえんがん》の町《まち》で
商売《しょうばい》しながら北上《ほくじょう》。
対馬海流《つしまかいりゅう》に乗《の》って
松前《まつまえ》に到着《とうちゃく》する。
帰《かえ》りは同《おな》じ航路《こうろ》を逆行《ぎゃっこう》。

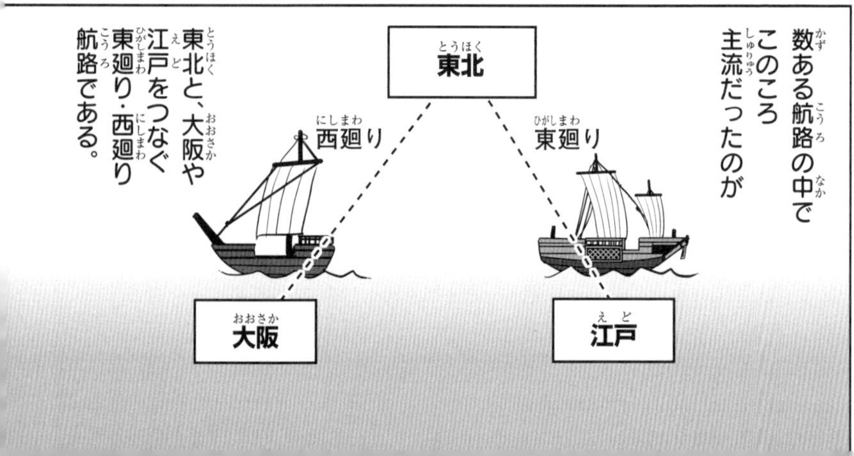
数《かず》ある航路《こうろ》の中《なか》で
このころ
主流《しゅりゅう》だったのが
東北《とうほく》
東廻《ひがしまわ》り
西廻《にしまわ》り
大阪《おおさか》
江戸《えど》
東北《とうほく》と、大阪《おおさか》や
江戸《えど》をつなぐ
東廻《ひがしまわ》り・西廻《にしまわ》り
航路《こうろ》である。

松前《まつまえ》
青森《あおもり》
酒田《さかた》
佐渡《さど》
輪島《わじま》
芝山《しばやま》
下関《しものせき》
大阪《おおさか》
江戸《えど》
東廻《ひがしまわ》り航路《こうろ》
青森《あおもり》より津軽海峡《つがるかいきょう》を通《とお》って太平洋《たいへいよう》を南下《なんか》し、東京湾《とうきょうわん》に入《はい》る航路《こうろ》。
菱垣廻船《ひがきかいせん》
樽廻船《たるかいせん》
そして、東廻《ひがしまわ》り・西廻《にしまわ》り航路《こうろ》を開《ひら》いた人物《じんぶつ》こそ江戸《えど》の商人《しょうにん》・河村瑞賢《かわむらずいけん》である。
西廻《にしまわ》り航路《こうろ》
東北地方《とうほくちほう》(酒田《さかた》)→佐渡《さど》→輪島《わじま》→芝山《しばやま》→下関《しものせき》→大阪《おおさか》に至《いた》る航路《こうろ》。

ザザ…ン
蝦夷地《えぞち》のこんぶを琉球《りゅうきゅう》へ
*太地《たいじ》のくじらを江戸《えど》へ
*庄内《しょうない》の米《こめ》を大阪《おおさか》へ…

*太地《たいじ》…現在《げんざい》の和歌山県東牟婁郡太地町《わかやまけんひがしむろぐんたいじちょう》。漁業《ぎょぎょう》が盛《さか》んな地《ち》。

*庄内《しょうない》…現在《げんざい》の山形県北西部《やまがたけんほくせいぶ》。

ザザザ…
船《ふね》は行《ゆ》く矢《や》のごとく天下《てんか》をひとめぐり…
オェエェ〜ッ
よわないんですか？
小姓《こしょう》 八吉《やきち》
船《ふな》よいなどするものか
あの海《うみ》の向《む》こうに商《あきな》いの種《たね》がひそんでおるのだぞ！
ザザーッ
それがどこにあるのかどうほりだすか考《かんが》えただけで胸《むね》がおどるのだ…‼
そういうものですか？
たとえばこの網《あみ》
スッ

昔《むかし》はもろいわら製《せい》じゃったがじょうぶな麻製《あさせい》の網《あみ》が開発《かいはつ》されたんじゃ
…それが商《あきな》いの種《たね》ですか？
あれは干鰯《ほしか》でございますか？
まぁ聞《き》けあの積《つ》み荷《に》を見《み》よ
そうじゃ網《あみ》が改良《かいりょう》されると鰯《いわし》がたくさん取《と》れる
それを売《う》り残《のこ》った分《ぶん》を干《ほ》せば肥料《ひりょう》としても売《う》ることができるんじゃ
網《あみ》
鰯《いわし》
干鰯《ほしか》（肥料《ひりょう》）
すごい！網《あみ》という種《たね》から新《あら》たな商《あきな》いが生《う》まれたんですね！
それだけではないぞ
麻《あさ》の網《あみ》ができて昔《むかし》よりも多《おお》くのくじらがとれるようになったんじゃ！
ええ!!あんなに大《おお》きなものまで!?

くじらといえば
残《のこ》すところなく
使《つか》うことができる
すばらしい海産物《かいさんぶつ》じゃ
これがたくさん
取《と》れれば　われわれの
生活《せいかつ》もまた
豊《ゆた》かになる！
網《あみ》が開発《かいはつ》されて
あらゆる漁《りょう》が
うまくいき
品物《しなもの》が流通《りゅうつう》
する…
肉《にく》⇒食料《しょくりょう》
骨《ほね》・血《ち》⇒肥料《ひりょう》
脂肪《しぼう》⇒害虫《がいちゅう》よけ、灯油《とうゆ》
まさに
商売《しょうばい》の種《たね》
ではないか
なるほど！
さすが
瑞賢様《ずいけんさま》！
下田《しもだ》(静岡県《しずおかけん》)

干鰯《ほしか》を下《お》ろす ついでに農村《のうそん》を 見《み》て歩《ある》こうか
はいっ！
実《じつ》は わしは農家《のうか》の 出身《しゅっしん》でな 農民《のうみん》の暮《く》らしは 今《いま》でもはっきりと 覚《おぼ》えておる…
春《はる》は田植《たう》えの 季節《きせつ》じゃ 初春《しょしゅん》に土《つち》をおこして 草木《くさき》やたいひ＊を まいておいた田《た》に 青《あお》あおとした 苗《なえ》を植《う》える
その後《ご》は 麦《むぎ》をかり やがて初夏《しょか》 になると その場所《ばしょ》に 今度《こんど》は大豆《だいず》を まくんじゃ
夏《なつ》の間《あいだ》 田《た》の雑草《ざっそう》を取《と》ったり 害虫《がいちゅう》や台風《たいふう》 日照《ひで》り による水不足《みずぶそく》に 備《そな》えたりと なにかと いそがしくてな

＊たいひ…わら・雑草《ざっそう》・落《お》ち葉《ば》などを積《つ》み重《かさ》ね、発酵《はっこう》させて作《つく》った肥料《ひりょう》。

そうそう！「追肥《ついひ》」をまくことも大切《たいせつ》じゃ
追肥《ついひ》？
作物《さくもつ》の成長《せいちょう》が盛《さか》んな時期《じき》に 田畑《たはた》に栄養《えいよう》をつけるためにまかれる肥料《ひりょう》のことじゃよ
これをしておくと植物《しょくぶつ》は元気《げんき》になり収穫量《しゅうかくりょう》が増《ふ》えるんじゃ
こうして毎日《まいにち》さまざまな苦労《くろう》を積《つ》み重《かさ》ねついに収穫《しゅうかく》の秋《あき》をむかえるわけなんじゃが…
半分近《はんぶんちか》く年貢《ねんぐ》として納《おさ》めなければならない
そんな…せっかく一生懸命《いっしょうけんめい》作《つく》ったものなのに…
しかし年貢《ねんぐ》とは足《た》りなければ借金《しゃっきん》をしてでも納《おさ》めるものじゃ…農民《のうみん》はみな頭《あたま》をかかえとる
ちょうどいいここで一つ年貢《ねんぐ》の仕組《しく》みをお前《まえ》に教《おし》えてやろう！

まず役人《やくにん》が村《むら》を回《まわ》って作物《さくもつ》の出来《でき》などから その村《むら》の年貢高《ねんぐだか》を決《き》める（検見法《けみほう》）
決《き》められた年貢高《ねんぐだか》をもとに名主《なぬし》が各農家《かくのうか》の納《おさ》めるべき年貢《ねんぐ》の量《りょう》を決《き》める
納《おさ》められた年貢《ねんぐ》は一度《ど》 名主《なぬし》の蔵《くら》に集《あつ》められ数回《すうかい》に分《わ》けて城下《じょうか》へ送《おく》られる
どれくらい納《おさ》められるかな？
こうして領主《りょうしゅ》のもとに米《こめ》が集《あつ》まると家臣《かしん》に渡《わた》す分《ぶん》や食料備蓄用《しょくりょうびちくよう》などに分《わ》け
残《のこ》りは金《かね》にかえるため大阪《おおさか》や江戸《えど》に運《はこ》んで売《う》りさばくんじゃよ
大阪《おおさか》・江戸《えど》
ちなみのこの「名主《なぬし》」というのは東日本《ひがしにほん》のよび方《かた》で西《にし》では「庄屋《しょうや》」北《きた》へ行《い》くと「肝煎《きもいり》」となる
肝煎《きもいり》
庄屋《しょうや》
名主《なぬし》

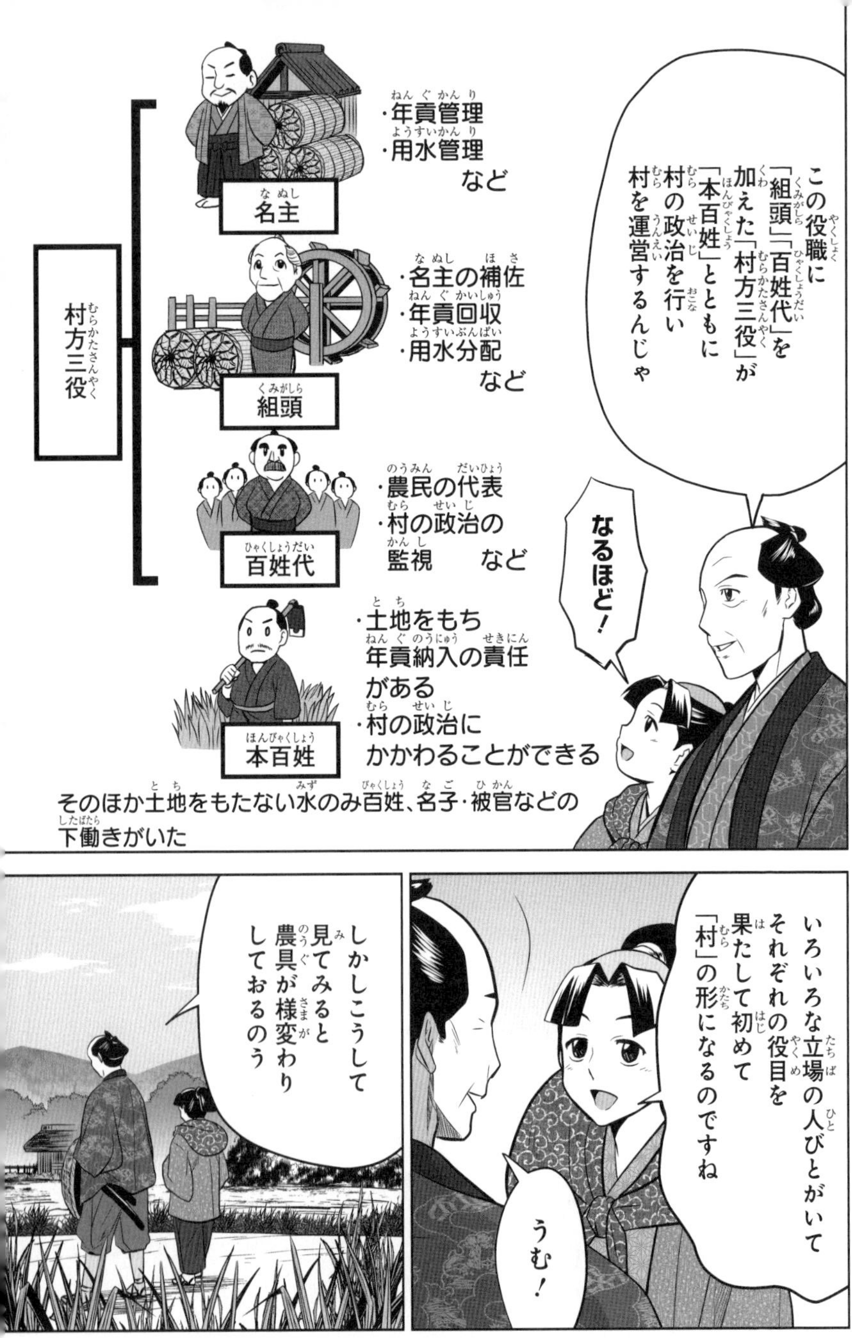

この役職《やくしょく》に「組頭《くみがしら》」「百姓代《ひゃくしょうだい》」を加《くわ》えた「村方三役《むらかたさんやく》」が「本百姓《ほんびゃくしょう》」とともに村《むら》の政治《せいじ》を行《おこな》い村《むら》を運営《うんえい》するんじゃ
なるほど!
村方三役《むらかたさんやく》
名主《なぬし》
・年貢管理《ねんぐかんり》
・用水管理《ようすいかんり》
など
組頭《くみがしら》
・名主《なぬし》の補佐《ほさ》
・年貢回収《ねんぐかいしゅう》
・用水分配《ようすいぶんぱい》
など
百姓代《ひゃくしょうだい》
・農民《のうみん》の代表《だいひょう》
・村《むら》の政治《せいじ》の監視《かんし》　など
本百姓《ほんびゃくしょう》
・土地《とち》をもち年貢納入《ねんぐのうにゅう》の責任《せきにん》がある
・村《むら》の政治《せいじ》にかかわることができる
そのほか土地《とち》をもたない水《みず》のみ百姓《びゃくしょう》、名子《なご》・被官《ひかん》などの下働《したばたら》きがいた
いろいろな立場《たちば》の人《ひと》びとがいてそれぞれの役目《やくめ》を果《は》たして初《はじ》めて「村《むら》」の形《かたち》になるのですね
うむ!
しかしこうして見《み》てみると農具《のうぐ》が様《さま》変わりしておるのう

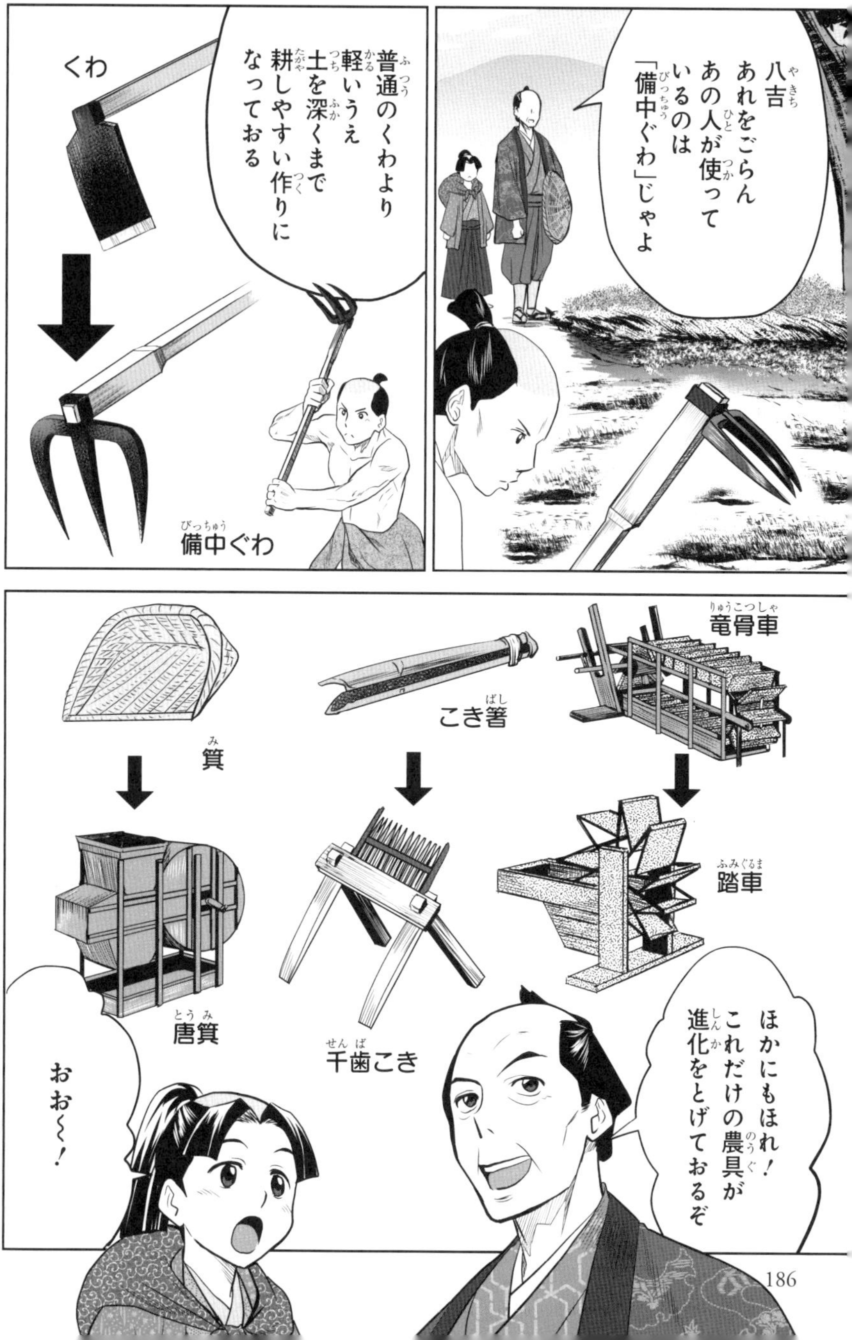
八吉《やきち》 あれをごらん あの人《ひと》が使《つか》って いるのは 「備中《びっちゅう》ぐわ」じゃよ
普通《ふつう》のくわより 軽《かる》いうえ 土《つち》を深《ふか》くまで 耕《たがや》しやすい作《つく》りに なっておる
くわ
備中《びっちゅう》ぐわ
竜骨車《りゅうこつしゃ》
踏車《ふみぐるま》
こき箸《ばし》
千歯《せんば》こき
箕《み》
唐箕《とうみ》
ほかにもほれ! これだけの農具《のうぐ》が 進化《しんか》をとげておるぞ
おお〜〜!

そういえば見《み》わたしてみると新田《しんでん》が多《おお》くありますね！
うむ
人口増加《じんこうぞうか》にともない新田開発《しんでんかいはつ》が盛《さか》んに行《おこな》われておるようじゃ…
用水路《ようすいろ》の整備《せいび》によって以前《いぜん》は水《みず》の便《べん》の良《よ》いところにしか作《つく》れなかった田《た》んぼが平地《へいち》にも作《つく》れるようになったうえ
新《あら》たに切《き》り開《ひら》かれた新田《しんでん》は数年間《すうねんかん》は年貢《ねんぐ》が免除《めんじょ》される
農具《のうぐ》や肥料《ひりょう》も貸《か》し出《だ》してもらえるんじゃ
新田《しんでん》が増《ふ》えるわけですね！

新田《しんでん》とは別《べつ》に昔《むかし》からあった田畑《たはた》を「本田畑《ほんでんばた》」といってな作《つく》っていい作物《さくもつ》が決《き》められているが
綿《わた》
菜種《なたね》
売《う》って金《かね》にかえるための商品作物《しょうひんさくもつ》をこっそり作《つく》る者《もの》も最近《さいきん》は増《ふ》えたのう
ともあれ農民《のうみん》たちは自分《じぶん》の田畑《たはた》をより良《よ》くするためわれわれが持《も》ってきた干鰯《ほしか》や油《あぶら》かすを使《つか》うんじゃよ
……
どうしたんです？
いや……
農民《のうみん》も金《かね》がいる時代《じだい》になったのだと思《おも》ってな…

＊刈敷《かりしき》…山林《さんりん》からかり取《と》った草《くさ》などを水田《すいでん》にしいてくさらせたもの。

＊草木灰《そうもくばい》…草《くさ》や木《き》を燃《も》やして灰《はい》にしたもの。

わたしは貧《まず》しい農家《のうか》の出身《しゅっしん》でな
＊刈敷《かりしき》や＊草木灰《そうもくばい》を肥料《ひりょう》にするしかなかったものだが…
同《おな》じ農民《のうみん》でも金《かね》のある者《もの》とない者《もの》の差《さ》は開《ひら》くばかりだ

＊飢饉《ききん》…不作《ふさく》で食物《しょくもつ》が不足《ふそく》し、人《ひと》びとが飢《う》えること。

ただでさえ貧《まず》しいなか＊飢饉《ききん》にみまわれ年貢《ねんぐ》を納《おさ》められないどころか飢《う》え死《じ》にする者《もの》もおった…

それは…なんとあわれな
そうだろう…

それで
あまりに苦《くる》しい
暮《く》らしに
一揆《いっき》を起《お》こす者《もの》や
大名《だいみょう》に直訴《じきそ》＊
する者《もの》も
おった…
でも そういう
人《ひと》は処刑《しょけい》されて
しまうのでは？
うむ 確《たし》かに一揆《いっき》の
中心人物《ちゅうしんじんぶつ》ともなれば
処刑《しょけい》されてしまうが
民衆《みんしゅう》も
ばかではない
先頭《せんとう》のこいつ
だな！
どいつだ？
最近《さいきん》では
同《おな》じ志《こころざし》をもつ者《もの》が
署名《しょめい》する「連判状《れんぱんじょう》」を
円形《えんけい》に書《か》いて 誰《だれ》が
中心人物《ちゅうしんじんぶつ》か分《わ》からない
ようにしとるようじゃ
こうした民衆《みんしゅう》の
動《うご》きによって
悪政《あくせい》を行《おこな》った
大名《だいみょう》を改易《かいえき》に
追《お》いこむことも
できたのじゃよ
少《すこ》しずつでも
変《か》えていくことが
できるのですね

＊直訴《じきそ》…手続《てつづ》きを経《へ》ず、直接主君《ちょくせつしゅくん》などにうったえること。

よし 出発《しゅっぱつ》するぞ！
次《つぎ》はどこへ？
江戸《えど》じゃ
いったいどのようなところなのか…
楽《たの》しみです！
にぎやかではなやかなところじゃよ
上方《かみがた》
大阪《おおさか》・京都《きょうと》をはじめとする*畿内《きない》
本当《ほんとう》ならお前《まえ》くらいの年《とし》に上方《かみがた》も見《み》ておくとよいのだがいつか機会《きかい》を見《み》つけて訪《おとず》れるとしよう

＊畿内《きない》…摂津国《せっつのくに》(兵庫県《ひょうごけん》の一部《いちぶ》・大阪府《おおさかふ》)・河内国《かわちのくに》・和泉国《いずみのくに》(ともに大阪府《おおさかふ》)・大和国《やまとのくに》(奈良県《ならけん》)・山城国《やましろのくに》(京都府《きょうとふ》)の総称《そうしょう》。

かつては戦乱《せんらん》で
おとろえた時期《じき》もあったが
今《いま》は大《おお》きな建物《たてもの》が建《た》ち
おもしろいおどりやごうかな
焼《や》き物《もの》も見《み》られるように
なっておる
昔《むかし》は京《きょう》が
日本《にほん》の中心《ちゅうしん》だったが
今後《こんご》は経済《けいざい》が
活発《かっぱつ》な大阪《おおさか》が
中心《ちゅうしん》となって
いくだろう
それもふくめて
お前《まえ》に上方《かみがた》を
見《み》せておきたい
のだ

＊桂離宮《かつらりきゅう》…京都府京都市郊外《きょうとふきょうとしこうがい》、桂川《かつらがわ》のほとりに造《つく》られた皇族《こうぞく》の別荘《べっそう》。＊寛永《かんえい》…1624〜45年《ねん》。

＊清水寺《きよみずでら》…京都府京都市東山区《きょうとふきょうとしひがしやまく》にある、現在《げんざい》は北法相宗《きたほっそうしゅう》の寺《てら》。

＊寛永《かんえい》のころには
＊桂離宮《かつらりきゅう》や
＊清水寺《きよみずでら》の本堂再建《ほんどうさいけん》など
貴族的《きぞくてき》・古典的《こてんてき》な
建物《たてもの》が建《た》てられた。
桂離宮《かつらりきゅう》
清水寺《きよみずでら》 本堂《ほんどう》

はなやかな
寛永文化《かんえいぶんか》の中心《ちゅうしん》は
京《きょう》であったが
しだいに経済《けいざい》が
おとろえ
大阪《おおさか》が経済《けいざい》の
中心都市《ちゅうしんとし》に成長《せいちょう》。
十七世紀後半《せいきこうはん》は
上方中心《かみがたちゅうしん》の
＊元禄文化《げんろくぶんか》が
花開《はなひら》いていく。

まぁ上方《かみがた》は
また今度《こんど》だ
さぁ 江戸《えど》に
向《む》かうぞ
はい！

＊元禄文化《げんろくぶんか》…大阪《おおさか》を中心《ちゅうしん》に栄《さか》えた、明《あか》るく活気《かっき》に満《み》ちた町人文化《ちょうにんぶんか》。

＊瀬戸焼《せとやき》…愛知県瀬戸市《あいちけんせとし》とその周辺《しゅうへん》で作《つく》られた焼《や》き物《もの》。

＊足利絹《あしかがぎぬ》…栃木県足利市《とちぎけんあしかがし》で生産《せいさん》された絹織物《きぬおりもの》。

＊南部塗《なんぶぬり》…南部地方《なんぶちほう》（東北地方《とうほくちほう》で南部氏《なんぶし》が治《おさ》めた地域《ちいき》）で作《つく》られた漆器《しっき》。

ガヤガヤ
ワイワイ
三河屋
さぁ着《つ》いたぞ
江戸《えど》は大《おお》にぎわいですね！
すごいや いろんな物《もの》が売《う》られてる！
＊瀬戸焼《せとやき》に ＊足利絹《あしかがぎぬ》や ＊南部塗《なんぶぬり》など 全国各地《ぜんこくかくち》の 名産《めいさん》が集《あつ》まって おるな

どいた
どいた!
タタタタッ
わ?
あれは
飛脚《ひきゃく》じゃよ
書状《しょじょう》などを
運《はこ》んでおるのじゃ
タタタタタ
ちなみに
飛脚《ひきゃく》にも
いろいろと
種類《しゅるい》が
あるんじゃ
たとえば幕府《ばくふ》の
公用《こうよう》に使《つか》われた
「継飛脚《つぎびきゃく》」は
どこを通《とお》るのも
最優先《さいゆうせん》で夜《よる》も
関所《せきしょ》を通《とお》れるんじゃ
ほかにも各藩《かくはん》の
国元《くにもと》と江戸《えど》藩邸《はんてい》を
結《むす》ぶ「大名飛脚《だいみょうびきゃく》」や
民間《みんかん》で営業《えいぎょう》
している
「町飛脚《まちびきゃく》」などが
あるんじゃよ

チャリ…
あれ？今《いま》のって明銭《みんせん》ではないですよね？
そうだ 今《いま》は幕府直営《ばくふちょくえい》の佐渡《さど》の金山《きんざん》 *生野《いくの》や石見《いわみ》の銀山《ぎんざん》で金銀《きんぎん》が盛《さか》んにほり出《だ》されておるからな
貨幣《かへい》は金座《きんざ》・銀座《ぎんざ》で造《つく》られるんじゃ
上方《かみがた》
江戸《えど》
江戸《えど》では金《きん》 上方《かみがた》では銀《ぎん》が多《おお》く使《つか》われているため
「江戸《えど》の金《きん》づかい 上方《かみがた》の銀《ぎん》づかい」などと言《い》われておるな

*現在《げんざい》の兵庫県朝来市《ひょうごけんあさごし》。

では江戸《えど》と上方《かみがた》が取《と》り引《ひ》きするときはどうするんでしょう?
??
そんなときのために「両替商《りょうがえしょう》」がおるんじゃよ
金《きん》や銀《ぎん》の価値《かち》はそのときそのときで変《か》わるのじゃそこで両替商《りょうがえしょう》が手数料《てすうりょう》を受《う》け取《と》りそのときの相場《そうば》に合《あ》わせて金《きん》と銀《ぎん》を交換《こうかん》するんじゃよ
金《きん》
小判《こばん》(一両《りょう》)
大判《おおばん》
一分金《いちぶきん》
銀《ぎん》
豆板銀《まめいたぎん》
銀《ぎん》は重《おも》さを量《はか》って価格《かかく》を決《き》める
丁銀《ちょうぎん》

＊豪商《ごうしょう》…大商人《だいしょうにん》。
＊借《か》りかえ…新《あら》たに借金《しゃっきん》してすでにしている借金《しゃっきん》を返《かえ》すこと。

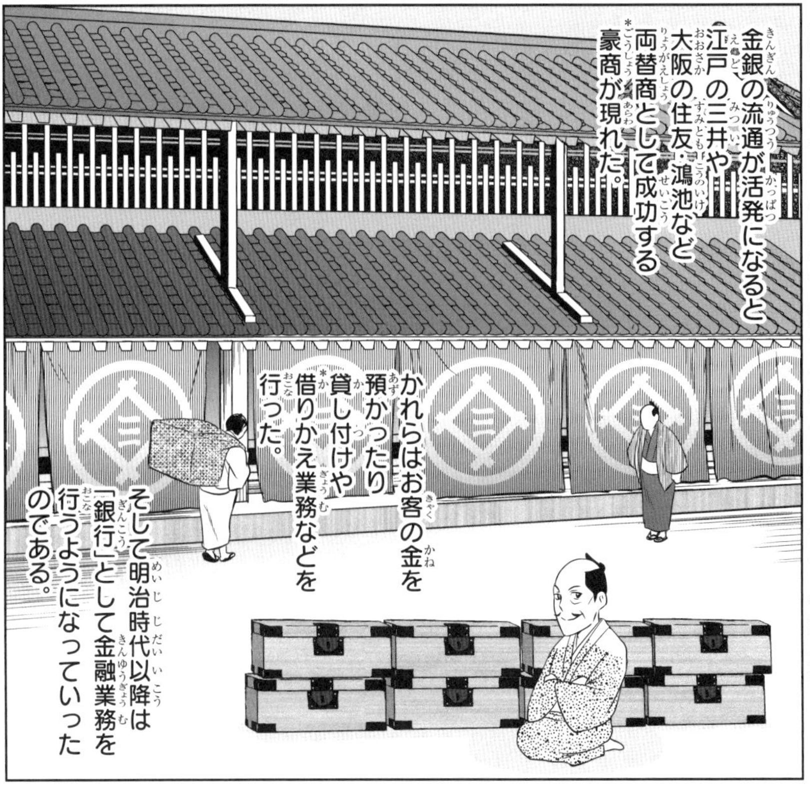

金銀《きんぎん》の流通《りゅうつう》が活発《かっぱつ》になると
江戸《えど》の三井《みつい》や
大阪《おおさか》の住友《すみとも》・鴻池《こうのいけ》など
両替商《りょうがえしょう》として成功《せいこう》する
＊豪商《ごうしょう》が現《あらわ》れた。
かれらはお客《きゃく》の金《かね》を
預《あず》かったり
貸《か》し付《つ》けや
＊借《か》りかえ業務《ぎょうむ》などを
行《おこな》った。
そして明治時代以降《めいじじだいいこう》は
「銀行《ぎんこう》」として金融業務《きんゆうぎょうむ》を
行《おこな》うようになっていった
のである。

金貨《きんか》や銀貨《ぎんか》のほかにも
幕府《ばくふ》は全国《ぜんこく》の＊銭座《ぜにざ》に
寛永通宝《かんえいつうほう》という銭《ぜに》（銅貨《どうか》）を
大量《たいりょう》に造《つく》らせたからのう
寛永通寳
明銭《みんせん》は
ほとんど使《つか》われなく
なったのじゃ

＊銭座《ぜにざ》…銅銭《どうせん》は幕府《ばくふ》から許可《きょか》を得《え》た民間業者《みんかんぎょうしゃ》が造《つく》った。

ご主人様《しゅじんさま》は本当《ほんとう》に物知《ものし》りですごいです
ご主人様《しゅじんさま》が大商人《だいしょうにん》になられたきっかけは何《なん》だったのですか？
……
「明暦《＊めいれき》の大火《たいか》」じゃよ…
もともと農家《のうか》の生《う》まれだったわたしは十三歳《さい》のころ江戸《えど》に出《で》て材木商《ざいもくしょう》となったんじゃが…
そこに
あのおそろしい大火事《おおかじ》が起《お》きたんじゃ

＊明暦《めいれき》…一六五五～五八年《ねん》。

明暦《めいれき》三年《ねん》（一六五七年《ねん》）
乾燥《かんそう》した
風《かぜ》の強《つよ》い日《ひ》に
江戸《えど》は大火《たいか》に
おそわれた

江戸城《えどじょう》の天守閣《てんしゅかく》も燃《も》えてなくなり
死者《ししゃ》の数《かず》は十万人《まんにん》ともいわれておる
明暦《めいれき》の大火《たいか》で焼失《しょうしつ》した範囲《はんい》
小石川《こいしかわ》
隅田川《すみだがわ》
神田《かんだ》
江戸城《えどじょう》
日本橋《にほんばし》
赤坂《あかさか》
京橋《きょうばし》
麻布《あざぶ》

「火事《かじ》とけんかは江戸《えど》の華《はな》」と言《い》われるほど江戸《えど》の町《まち》に火事《かじ》は多《おお》かった…
木《き》と紙《かみ》でできた家《いえ》だ…よ～く燃《も》えたよ
…この読《よ》み物《もの》は？
『むさしあぶみ』という＊仮名草子《かなぞうし》じゃよ
明暦《めいれき》の大火《たいか》のことが書《か》かれておる…
これを読《よ》めばあの火事《かじ》がどれだけおそろしいものであったかが分《わ》かる

＊仮名草子《かなぞうし》…江戸時代前期《えどじだいぜんき》に出版《しゅっぱん》された仮名《かな》で書《か》かれた本《ほん》。

＊火除地《ひよけち》…火《ひ》が燃《も》え広《ひろ》がるのを防《ふせ》ぐために設《もう》けられた空《あ》き地《ち》。避難場所《ひなんばしょ》としても使《つか》われた。

＊広小路《ひろこうじ》…はばの広《ひろ》い道《みち》。

ともあれ あの火事《かじ》を きっかけにして
幕府《ばくふ》は＊火除地《ひよけち》や ＊広小路《ひろこうじ》を設《もう》け
両国橋《りょうごくばし》をかけ ＊本所《ほんじょ》や＊深川《ふかがわ》の 開発《かいはつ》を進《すす》めた んじゃ
＊本所《ほんじょ》は現在《げんざい》の東京都墨田区《とうきょうとすみだく》、深川《ふかがわ》は東京都江東区《とうきょうとこうとうく》。
わたしは土木工事《どぼくこうじ》の 日《ひ》やといの仕事《しごと》などで ためた金《かね》で 木曽《きそ》の山林《さんりん》の木材《もくざい》を 買《か》いしめ
その材木《ざいもく》を江戸《えど》の 復興《ふっこう》にあてた…
結果《けっか》として 金《かね》が何十倍《なんじゅうばい》 にもなったと いうわけじゃ…
そんな ことがあったん ですね…

町人地《ちょうにんち》 長屋《ながや》
キョロ キョロ
表通《おもてどお》りから 路地《ろじ》を入《はい》ると 江戸《えど》の町人《ちょうにん》らが 住《す》む「長屋《ながや》」がある
細長《ほそなが》い家《いえ》が 何軒《なんげん》も 続《つづ》いておる
棒手振《ぼてふ》りと よばれる 行商人《ぎょうしょうにん》や
おけなどを作《つく》る 職人《しょくにん》たちは
トン カン トン
たいていが こういうせまい 長屋《ながや》に 住《す》んでおる
「長屋《ながや》」は 「裏店《うらだな》」とも よぶな
それに対《たい》して 「表店《おもてだな》」とは 表通《おもてどお》りの店《みせ》を 指《さ》すんじゃ
長屋《ながや》には さまざまな町人《ちょうにん》が 暮《く》らしている のですね！

そうじゃ！まず長屋《ながや》を管理《かんり》しているのが
「家守《やもり》」じゃ「大家《おおや》」ともよばれるな
家守《やもり》は土地《とち》や長屋《ながや》の持《も》ち主《ぬし》である「地主《じぬし》」や「家持《いえもち》」から任《まか》されて…
かんべんしてくださいよぉ…
いつまで家賃《やちん》をはらわないつもりだい？
へへへ…明日《あした》！明日《あした》には必《かなら》ず
ペコペコ
だったらほら！さっさと働《はたら》いてかせいでおいで！
へい!!
家守《やもり》はああして家賃《やちん》を回収《かいしゅう》してな
収入《しゅうにゅう》のない住人《じゅうにん》（店子《たなこ》）には仕事《しごと》を紹介《しょうかい》することもあるんじゃ
ちなみに借《か》りた土地《とち》に自分《じぶん》で家《いえ》を建《た》てて住《す》むことを「地借《じがり》」というんじゃ

こういった長屋《ながや》や表店《おもてだな》の集《あつ》まりが町《まち》じゃ
町人《ちょうにん》たちはこの町《まち》と町《まち》の間《あいだ》に木戸《きど》という門《もん》を設《もう》け夜《よる》になると閉《し》めるんじゃ
われわれもここに来《く》るとき通《とお》りましたね！
長屋《ながや》のおくにあるのは何《なん》ですか？
住人《じゅうにん》たちが共同《きょうどう》で使《つか》っているごみ捨《す》て場《ば》や便所《べんじょ》じゃな
江戸《えど》の人《ひと》びとは初《はじ》めごみを庭《にわ》にうめたり空《あ》き地《ち》やほりに捨《す》てておった
…しかし町《まち》に人《ひと》が増《ふ》えはじめると…
ごみも増《ふ》えます!!
そこで四代将軍《だいしょうぐん》・家綱様《いえつなさま》の時《とき》に*永代島《えいたいじま》を江戸《えど》のごみ捨《す》て場《ば》に定《さだ》めたのじゃ

*現在《げんざい》の東京《とうきょう》都《と》江東《こうとう》区《く》永代《えいたい》。

ごめんよ！通《とお》しとくれ
江戸《えど》の庶民《しょみん》が出《だ》すごみは
ある程度《ていど》の量《りょう》になったら住人《じゅうにん》が川岸《かわぎし》まで運《はこ》んでいき
＊芥取請負人《ごみとりうけおいにん》が集《あつ》めて舟《ふね》で永代島《えいたいじま》へ運《はこ》んでいくんじゃ
あの…便所《べんじょ》のほうは…？
江戸《えど》周辺《しゅうへん》の農民《のうみん》がな「江戸《えど》っ子《こ》は良《よ》い物《もの》を食《た》べているから良《よ》い肥料《ひりょう》になる」と
人《ひと》のはいせつ物《ぶつ》を喜《よろこ》んで買《か》っていくんじゃよ！
ええ!!

＊芥取請負人《ごみとりうけおいにん》…ごみの回収役《かいしゅうやく》。

何《なに》をおどろく これも一つの商《あきな》いじゃ！ はいせつ物《ぶつ》を売《う》った金《かね》で大家《おおや》は店子《たなこ》に配《くば》るもちを買《か》うんじゃよ！
ほかにも
割《わ》れた瀬戸物《せともの》の焼《や》き継《つ》ぎ* すり減《へ》ったげたの歯《は》入《い》れ
古着《ふるぎ》などの日用品《にちようひん》の修理再生《しゅうりさいせい》
紙《かみ》くず拾《ひろ》いに燃料用《ねんりょうよう》の木《き》くず拾《ひろ》いなどの回収業《かいしゅうぎょう》も立派《りっぱ》な商売《しょうばい》！

＊焼《や》き継《つ》ぎ…割《わ》れた瀬戸物《せともの》をうるし（後《のち》には白玉粉《しらたまこ》）でつないで焼《や》き直《なお》すこと。

灰《はい》を買《か》い集《あつ》めて肥料《ひりょう》として売《う》る「灰買《はいか》い」もおるぞ！
ごみにしない工夫《くふう》… むだを減《へ》らす工夫《くふう》も商《あきな》いの種《たね》なんですね
おや
うなぎのいいにおいだ 食《た》べていこうか
江戸《えど》の町《まち》には移動式《いどうしき》の屋台《やたい》が数多《かずおお》くあった。

また、店《みせ》を開《ひら》かず
商売《しょうばい》をする
行商人《ぎょうしょうにん》たちが絶《た》えず
町《まち》を行《い》き交《か》い
魚《さかな》や豆腐《とうふ》
野菜《やさい》などの
食品《しょくひん》から
医薬品《いやくひん》
金魚《きんぎょ》
風鈴《ふうりん》
あめ玉《だま》
ほかにもありと
あらゆる物《もの》を
売《う》り歩《ある》いていた。
みな 汗水流《あせみずなが》して
精《せい》いっぱい
働《はたら》いておる
そんな庶民《しょみん》の
楽《たの》しみの
一つと
いえば――
風呂《ふろ》じゃ
ろうな!
庶民《しょみん》が火事《かじ》を
起《お》こさぬよう
長屋《ながや》に風呂《ふろ》は
ない
代《か》わりに「湯屋《ゆや》」
という銭湯《せんとう》が
たくさんあって
どこもにぎわって
おるんじゃよ
男
湯
女
湯

それに風呂《ふろ》といえば水《みず》じゃが…
江戸《えど》は水《みず》がきれいなんじゃ
江戸《えど》には高低差《こうていさ》を利用《りよう》した上水道《じょうすいどう》が通《とお》っておる
町人《ちょうにん》でもこんなにきれいな水《みず》を使《つか》えるのはきっと世界《せかい》でも珍《めずら》しい！
上水井戸《じょうすいいど》
*木《もく》ひ
玉川上水《たまがわじょうすい》・神田上水《かんだじょうすい》など…
*泰西《たいせい》でははいせつ物《ぶつ》を道《みち》ばたに捨《す》てるというしな…
それはちょっといやですね…

＊木《もく》ひ…木《き》で作《つく》られた水道管《すいどうかん》。

＊泰西《たいせい》…西洋諸国《せいようしょこく》。

だからオランダ人《じん》は日本《にほん》の町《まち》は清潔《せいけつ》だとおどろくらしいぞ
日本《にほん》や江戸《えど》ではあたりまえのことが外国《がいこく》ではそうではないのですね…
OH～
玉川兄弟《たまがわきょうだい》は上水道《じょうすいどう》を造《つく》った手柄《てがら》で武士《ぶし》に取《と》り立《た》てられましたし
ご主人様《しゅじんさま》も農民《のうみん》の出身《しゅっしん》ながら 航路《こうろ》の開拓《かいたく》や治水《ちすい》の手柄《てがら》で＊幕臣《ばくしん》にご出世《しゅっせ》…
それも日本《にほん》の特色《とくしょく》なのでしょうか？

＊幕臣《ばくしん》…将軍《しょうぐん》に仕《つか》える家臣《かしん》。旗本《はたもと》や御家人《ごけにん》など。

確《たし》かにわれわれの社会《しゃかい》はごく少数《しょうすう》の武士《ぶし》が上《うえ》に立《た》つ身分社会《みぶんしゃかい》だが
才能《さいのう》があれば出世《しゅっせ》もできる
お前《まえ》もがんばりなさい
はい!
江戸幕府《えどばくふ》によってやっと戦乱《せんらん》の世《よ》に終《お》わりが来《き》た

江戸《えど》はもちろん
ほかの町《まち》もどんどん
立派《りっぱ》になり
身分《みぶん》の差《さ》は
あっても　努力《どりょく》
すれば出世《しゅっせ》できる
…そんな良《よ》い世《よ》に
なりつつある
このまま世《よ》の中《なか》が
安泰《あんたい》ならば
お前《まえ》が大人《おとな》に
なるころには…

もっと平和《へいわ》で
おもしろい世《よ》の中《なか》に
なっているかもしれんな

もーっと歴史《れきし》が分《わ》かる!

わくわく特《とく》別《べつ》授《じゅ》業《ぎょう》

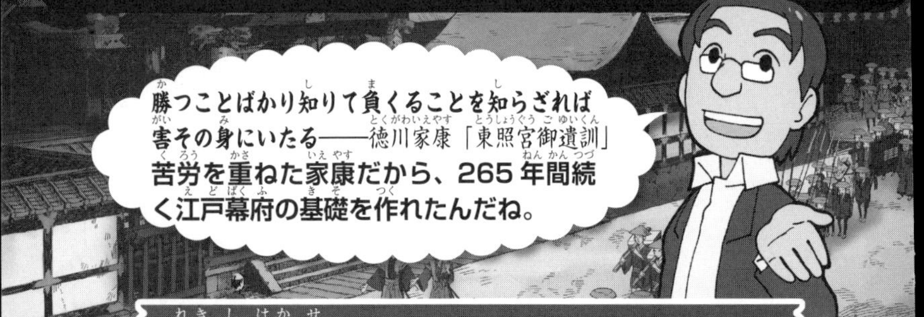
勝《か》つことばかり知《し》りて負《ま》くることを知《し》らざれば害《がい》その身《み》にいたる——徳川家康《とくがわいえやす》「東照宮御遺訓《とうしょうぐうごゆいくん》」
苦労《くろう》を重《かさ》ねた家康《いえやす》だから、265年間続《ねんかんつづ》く江戸幕府《えどばくふ》の基礎《きそ》を作《つく》れたんだね。

歴史博士《れきしはかせ》へのチャレンジクイズ！

まんがを読《よ》んで歴史《れきし》にくわしくなったら、最後《さいご》の腕試《うでだめ》し！
これから始《はじ》まる特別授業《とくべつじゅぎょう》ページを読《よ》んで、下《した》の3問《もん》クイズに答《こた》えてみよう！
目《め》ざせ、歴史博士《れきしはかせ》！

1問目《もんめ》

この人《ひと》は何《なん》とよばれた人《ひと》？

①かぶき者《もの》
②旅人《たびびと》
③かぶきあげ

ヒントは220ページを見《み》てね！

2問目《もんめ》

関所《せきしょ》は全国《ぜんこく》にどのくらいあった？

① 1か所《しょ》
② 5か所《しょ》
③ 50か所以上《しょいじょう》

ヒントは216ページを見《み》てね！

3問目《もんめ》

この船《ふね》は主《おも》にどんなことに使《つか》われていた？

①戦《たたか》い
②荷物《にもつ》を運《はこ》ぶ
③スポーツ

ヒントは219ページを見《み》てね！

答《こた》えは221ページを見《み》てね！

なるほど図解《ずかい》

関所《せきしょ》では何《なに》が行《おこな》われていたのか…？

箱根関所《はこねせきしょ》のお仕事《しごと》

関所《せきしょ》は、江戸幕府《えどばくふ》が管理《かんり》したものだけでも全国《ぜんこく》に五十か所《しょ》以上《いじょう》あるよ。箱根関所《はこねせきしょ》を見《み》てみよう。

このように、通行人《つうこうにん》がどんな人《ひと》なのかチェックをしていたのが関所《せきしょ》だよ。

鉄砲《てっぽう》と女性《じょせい》に注意《ちゅうい》!?

江戸時代《えどじだい》、五街道《ごかいどう》の整備《せいび》が進《すす》むと、人《ひと》びとの移動《いどう》はいっそう活発《かっぱつ》になった。しかし、通行人《つうこうにん》は旅行者《りょこうしゃ》ばかりとは限《かぎ》らない。江戸《えど》に鉄砲《てっぽう》を持《も》ちこもうとする者《もの》、江戸《えど》からこっそり国元《くにもと》に帰《かえ》ろうとする大名《だいみょう》の妻《つま》たち…。箱根《はこね》の関所《せきしょ》では、これらの人《ひと》たちを特《とく》に厳《きび》しく取《と》りしまり、「入《い》り鉄砲《でっぽう》に出女《でおんな》」という言葉《ことば》も生《う》まれたんだ。

江戸方面《えどほうめん》
江戸口千人溜《えどぐちせんにんだまり》
江戸方面《えどほうめん》からの旅人《たびびと》たちが審査《しんさ》を待《ま》つための広場《ひろば》。
遠見番所《とおみばんしょ》
芦ノ湖《あしのこ》や街道沿《かいどうぞ》いを見《み》はるための建物《たてもの》。
箱根関所《はこねせきしょ》の様子《ようす》
東海道《とうかいどう》にある箱根関所《はこねせきしょ》は、江戸《えど》を防衛《ぼうえい》するための重要《じゅうよう》な場所《ばしょ》だったんだ。
大番所《おおばんしょ》・上番休息所《かみばんきゅうそくじょ》

▲関所《せきしょ》でいちばん大《おお》きな建物《たてもの》。役人《やくにん》がここで通行人《つうこうにん》の審査《しんさ》をした。台所《だいどころ》や役人《やくにん》の休息所《きゅうそくじょ》もある。

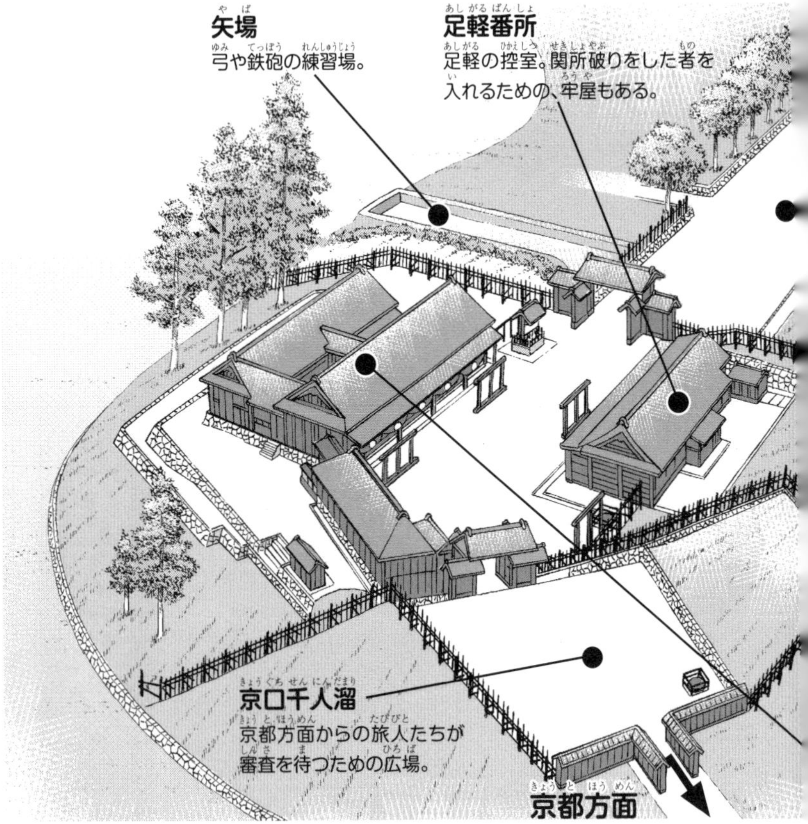
矢場《やば》
弓《ゆみ》や鉄砲《てっぽう》の練習場《れんしゅうじょう》。
足軽番所《あしがるばんしょ》
足軽《あしがる》の控室《ひかえしつ》。関所破《せきしょやぶ》りをした者《もの》を入《い》れるための、牢屋《ろうや》もある。
京口千人溜《きょうぐちせんにんだまり》
京都方面《きょうとほうめん》からの旅人《たびびと》たちが審査《しんさ》を待《ま》つための広場《ひろば》。
京都方面《きょうとほうめん》

関所事件簿《せきしょじけんぼ》！

その1 関所破《せきしょやぶ》り！

裏道《うらみち》を使《つか》ったりして関所《せきしょ》を通《とお》らないのは重罪《じゅうざい》。でも、"迷子《まいご》になった"ということにして、見《み》のがしてくれる役人《やくにん》もいたらしい…。

その2 箱根《はこね》の関所《せきしょ》をゾウが通《とお》る！

中国《ちゅうごく》から連《つ》れてこられたゾウはまず長崎《ながさき》に到着《とうちゃく》。江戸《えど》に向《む》かう道中《どうちゅう》で、ゾウも関所《せきしょ》を通過《つうか》したんだよ！

その3 海《うみ》にも関所《せきしょ》がある！

深川《ふかがわ》（東京都《とうきょうと》）などには、海路《かいろ》を見《み》はる関所《せきしょ》があったよ。船《ふね》の荷物《にもつ》をチェックしたんだ。

海《うみ》に囲《かこ》まれている日本《にほん》の技術《ぎじゅつ》
船《ふね》の歴史《れきし》

いろいろな時代《じだい》の特徴的《とくちょうてき》な船《ふね》を集《あつ》めたよ。どんな船《ふね》が造《つく》られたのかな。うつり変《か》わりを見《み》てみよう！

古代《こだい》 丸木舟《まるきぶね》

1本《ぽん》の大木《たいぼく》をくりぬいて造《つく》った舟《ふね》だよ。縄文時代《じょうもんじだい》の人《ひと》びとは、舟《ふね》をたくみにあやつって漁《りょう》を行《おこな》ったり、海《うみ》を渡《わた》って遠《とお》くの人《ひと》びとと交易《こうえき》を行《おこな》ったりしていたよ。

縄文人《じょうもんじん》海《うみ》へこぎ出《だ》す！

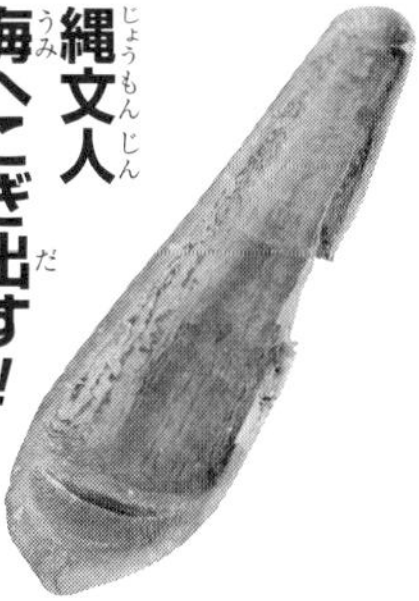

飛鳥時代《あすかじだい》 遣唐使船《けんとうしせん》

唐《とう》（中国《ちゅうごく》）の進《すす》んだ文化《ぶんか》を学《まな》ぶため、留学生《りゅうがくせい》や僧《そう》などが遣唐使船《けんとうしせん》に乗《の》って唐《とう》に渡《わた》ったよ。暴風雨《ぼうふうう》などで沈《しず》む船《ふね》も多《おお》く、命《いのち》がけの航海《こうかい》だったんだ。1隻《せき》あたり150人《にん》くらいが乗船《じょうせん》していたと考《かんが》えられているよ。

危険《きけん》をこえて大陸《たいりく》へ！

昭和後期《しょうわこうき》〜平成《へいせい》 タンカー

日本経済《にほんけいざい》を支《ささ》える巨大船《きょだいせん》

原油《げんゆ》やガソリンなどの液体《えきたい》を輸送《ゆそう》するための商船《しょうせん》。太平洋戦争《たいへいようせんそう》では商船《しょうせん》の8割《わり》を失《うしな》ったけれど、戦後《せんご》日本《にほん》は優《すぐ》れた造船技術《ぞうせんぎじゅつ》などによって経済《けいざい》大国《たいこく》へと成長《せいちょう》し、タンカーは現在《げんざい》も活躍《かつやく》しているよ。

江戸時代《えどじだい》 **弁才船《べざいせん》（菱垣廻船《ひがきかいせん》・樽廻船《たるかいせん》など）**

日本沿岸《にほんえんがん》で活躍《かつやく》した1枚帆《まいほ》の商船《しょうせん》。少《すく》ない船員《せんいん》で航海《こうかい》することができ、それだけ多《おお》くの荷物《にもつ》を積《つ》むことができたよ。

たくさんの商品《しょうひん》を運《はこ》ぶ！

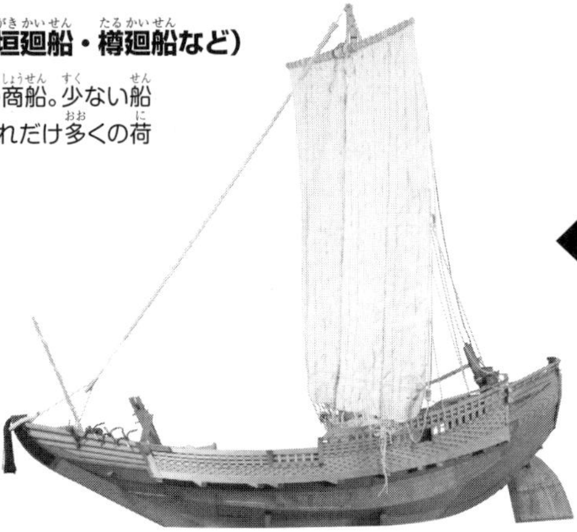

昭和前期《しょうわぜんき》 **戦艦《せんかん》（大和《やまと》）**

史上最大《しじょうさいだい》！戦艦大和《せんかんやまと》

大砲《たいほう》を備《そな》え、分厚《ぶあつ》い装甲板《そうこうばん》でおおわれた戦闘用《せんとうよう》の船《ふね》。大日本帝国海軍《だいにっぽんていこくかいぐん》によって建造《けんぞう》が推《お》し進《すす》められた。

超高速《ちょうこうそく》！造船技術《ぞうせんぎじゅつ》は進化《しんか》する！

現在《げんざい》 **高速船《こうそくせん》**

高速《こうそく》で航行《こうこう》できる貨客船《かきゃくせん》。船体《せんたい》を水上《すいじょう》にもち上《あ》げて航行《こうこう》する水中翼船《すいちゅうよくせん》や、空気《くうき》の力《ちから》を利用《りよう》して船体《せんたい》を浮《ふ》上《じょう》させて走行《そうこう》するホバークラフトなどがあるよ。

おしえて！先生《せんせい》

知《し》れば知《し》るほどQ&A

【江戸時代前期《えどじだいぜんき》】

Q かぶき者《もの》ってどんな人《ひと》？

A 「かぶき」とは「かたむく」という単語《たんご》から生《う》まれた言葉《ことば》です。かたむくという、真《ま》っ直《す》ぐではない、正統《せいとう》ではない様子《ようす》を表《あらわ》します。たとえば、男性《だんせい》なのに女性物《じょせいもの》の派手《はで》な衣服《いふく》を着《き》たり、異様《いよう》な姿《すがた》をしたり、変《か》わった言動《げんどう》をしたりする人《ひと》たちをまとめて「かぶき者《もの》」といいました。

また、出雲阿国《いずものおくに》という女性《じょせい》が始《はじ》めた「かぶき踊《おど》り」は現代《げんだい》の「歌舞伎《かぶき》」の語源《ごげん》になっています。

▲かぶき者《もの》

Q えた、ひにん身分《みぶん》の人《ひと》はどんな暮《く》らしをしていたの？

A 江戸時代《えどじだい》の身分《みぶん》には、武士《ぶし》、町人《ちょうにん》、百姓《ひゃくしょう》のほかに、「えた」「ひにん」とよばれる被差《ひさ》別身分《べつみぶん》がありました。「えた」身分《みぶん》の人《ひと》たちは当時《とうじ》、〝ケガレ〟とされた、死《し》んだ動物《どうぶつ》や革《かわ》を扱《あつか》う仕事《しごと》などに就《つ》いていました。「ひにん」身分《みぶん》の人《ひと》たちは、役人《やくにん》の下働《したばたら》きや芸能《げいのう》などを行《おこな》いました。これらの身分《みぶん》の人《ひと》たちは、ほかの身分《みぶん》の人《ひと》たちとの交流《こうりゅう》が許《ゆる》されず、住《す》む場所《ばしょ》や服装《ふくそう》、髪形《かみがた》にも決《き》まりがあり、厳《きび》しく差別《さべつ》されました。

現在《げんざい》も不当《ふとう》な差別《さべつ》との戦《たたか》いは続《つづ》いています。

Q 江戸時代《えどじだい》、どうして日本《にほん》は植民地化《しょくみんちか》されなかったの？

A いろいろな理由《りゆう》が考《かんが》えられます。日本《にほん》がヨーロッパか

ら地理的《ちりてき》に遠《とお》かったということや、植民地化《しょくみんちか》を進《すす》めていたスペイン、ポルトガルの力《ちから》がおとろえはじめた時期《じき》だったということ、そして、日本《にほん》ではキリスト教化《きょうか》が進《すす》まなかったということも挙《あ》げられます。

幕府《ばくふ》は、キリスト教《きょう》の布教《ふきょう》とともに、スペインやポルトガルが日《に》本《ほん》に対《たい》して影響力《えいきょうりょく》をもつことをおそれ、一六一二年《ねん》、禁教令《きんきょうれい》を出《だ》します。さらに、幕府《ばくふ》が貿易《ぼうえき》をほぼ独占《どくせん》することで、各藩《かくはん》の大名《だいみょう》とキリスト教国《きょうこく》との結《むす》びつきを断《た》ちました。

こうして、影響力《えいきょうりょく》を強《つよ》めていたスペインとポルトガルを遠《とお》ざけ、キリスト教《きょう》の布教《ふきょう》に熱心《ねっしん》ではなかったオランダと貿易《ぼうえき》をしました。当時《とうじ》、オランダは力《ちから》をもっていましたが、貿易《ぼうえき》で利益《りえき》を得《え》ていたので、植民地化《しょくみんちか》する理由《りゆう》がなかったと考《かんが》えることもできます。

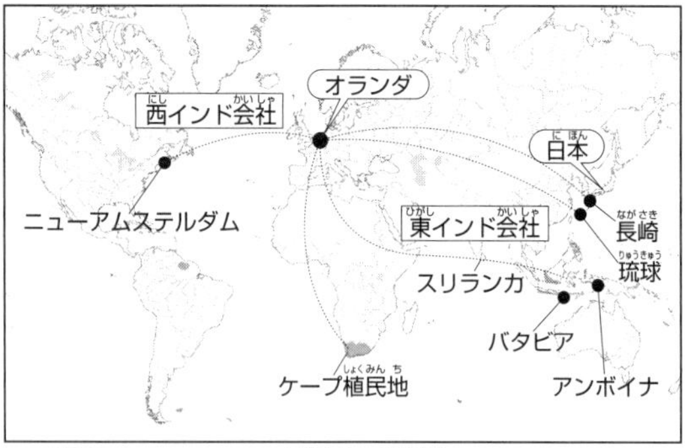

▲17世紀《せいき》ごろのオランダの植民地《しょくみんち》と交易地《こうえきち》

Q 「オランダ風説書《ふうせつがき》」には何《なに》が書《か》かれていたの？

A 「オランダ風説書《ふうせつがき》」とは、一六四一年《ねん》から、オランダ船《せん》が長崎《ながさき》に入港《にゅうこう》するたびに提出《ていしゅつ》が義務《ぎむ》づけられた、ヨーロッパを中《ちゅう》心《しん》とした海外情勢《かいがいじょうせい》を記《しる》した書物《しょもつ》です。オランダ商館長《しょうかんちょう》が作《つく》ったものを、通訳《つうやく》が日本語《にほんご》に訳《やく》して長崎奉行《ながさきぶぎょう》から幕府《ばくふ》に提出《ていしゅつ》されていました。

幕府《ばくふ》は、特《とく》にスペインやポルトガルなどのキリスト教国《きょうこく》の様子《ようす》を報告《ほうこく》させていました。幕府《ばくふ》は、「鎖国《さこく》」状態《じょうたい》を保《たも》ちながら、ヨーロッパの情報《じょうほう》を知《し》ることができたのです。

215ページの答《こた》え…1問目《もんめ》：①　2問目《もんめ》：③　3問目《もんめ》：②

年表《ねんぴょう》【江戸時代前期《えどじだいぜんき》】おもなできごと

関《せき》ヶ原《がはら》の戦《たたか》いで勝利《しょうり》した徳川家康《とくがわいえやす》。二百六十五年続《ねんつづ》く江戸時代《えどじだい》の土台《どだい》となる参勤交代《さんきんこうたい》や鎖国《さこく》を始《はじ》め、幕藩体制《ばくはんたいせい》を固《かた》めた。

年代《ねんだい》	時代《じだい》	天皇《てんのう》	将軍《しょうぐん》	おもなできごと
一六〇〇	安土《あづち》桃山《ももやま》時代《じだい》	後陽成《ごようぜい》		**関《せき》ヶ原《がはら》の戦《たたか》い**が起《お》こる
一六〇三			徳川《とくがわ》家康《いえやす》	**徳川《とくがわ》家康《いえやす》が征夷大将軍《せいいたいしょうぐん》になる**
一六〇七			秀忠《ひでただ》	朝鮮使節《ちょうせんしせつ》が江戸時代《えどじだい》になって初《はじ》めて来日《らいにち》する
一六〇九				平戸《ひらど》にオランダ商館《しょうかん》ができ、貿易《ぼうえき》が始《はじ》まる
一六一二		後水尾《ごみずのお》		幕領《ばくりょう》では**キリスト教《きょう》を禁《きん》じる**
一六一四				**大阪冬《おおさかふゆ》の陣《じん》**が起《お》こる
一六一五				**大阪夏《おおさかなつ》の陣《じん》**で豊臣家《とよとみけ》が滅亡《めつぼう》する
				武家諸法度《ぶけしょはっと》・禁中並公家諸法度《きんちゅうならびにくげしょはっと》ができる
一六一六				家康《いえやす》、亡《な》くなる
一六二九				紫衣事件《しえじけん》が起《お》き、後水尾天皇《ごみずのおてんのう》が譲位《じょうい》する

江戸時代《えどじだい》

明正《めいしょう》 後光明《ごこうみょう》 後西《ごさい》 霊元《れいげん》

家光《いえみつ》 家綱《いえつな》

年	出来事
一六三三	奉書船《ほうしょせん》以外《いがい》の海外渡航《かいがいとこう》を禁《きん》じ、海外渡航者《かいがいとこうしゃ》の帰国《きこく》を制限《せいげん》する
一六三五	**参勤交代《さんきんこうたい》**の制度《せいど》が確立《かくりつ》される
	日本人《にほんじん》の海外渡航《かいがいとこう》を禁止《きんし》。朱印船貿易《しゅいんせんぼうえき》も停止《ていし》する
一六三六	日光東照宮陽明門《にっこうとうしょうぐうようめいもん》が完成《かんせい》する
一六三七	**島原《しまばら》・天草一揆《あまくさいっき》**が起《お》こる（〜三八）
一六三九	ポルトガル船《せん》の来航《らいこう》を禁止《きんし》する
一六四一	オランダ商館《しょうかん》を長崎《ながさき》の出島《でじま》に移《うつ》す（**鎖国《さこく》の完成《かんせい》**）
	オランダ風説書《ふうせつがき》が書《か》かれはじめる
一六四三	大名火消《だいみょうひけし》の制《せい》を定《さだ》める
	農民《のうみん》の土地《とち》の売買《ばいばい》が禁止《きんし》される
一六五一	由井正雪《ゆいしょうせつ》の乱《らん》が起《お》こる
	末期養子《まつごようし》の禁《きん》が緩和《かんわ》される
一六五七	**明暦《めいれき》の大火《たいか》**が起《お》こり、江戸城本丸《えどじょうほんまる》などを焼失《しょうしつ》する
一六六三	殉死《じゅんし》が禁止《きんし》される
一六六五	大名証人制《だいみょうしょうにんせい》を廃止《はいし》する
一六六九	シャクシャインの戦《たたか》いが起《お》こる

写真提供・資料協力

(五十音順・敬称略)

石川県立歴史博物館、出光興産株式会社、協同組合 加賀染振興協会、宮内庁、久能山東照宮、久能山東照宮博物館、国立歴史民俗博物館、堺市博物館、佐賀県立九州陶磁文化館、種子屋久高速船株式会社、千代田区、長崎市経済局文化観光部出島復元整備室、日光東照宮、日光東照宮宝物館、箱根関所、Photo：Kobe City Museum ／ DNPartcom、フォトライブラリー、船の科学館、大和ミュージアム、若狭三方縄文博物館

主な参考図書・資料

【書籍】『新しい社会 歴史』『新しい社会 6上』東京書籍、『歴史をつかむ技法』新潮社、『国史大辞典』『日本史年表・地図』吉川弘文館、『山川 詳説日本史図録』『日本史B用語集』『もういちど読む山川日本史』山川出版社、『角川新版 日本史辞典』 KADOKAWA、『新課程 チャート式シリーズ 新日本史』数研出版、『ニューワイドずかん百科 ビジュアル日本の歴史』学習研究社、『絵で見る 日本の歴史』福音館書店

『江戸のファーストフードー町人の食卓、将軍の食卓』講談社、『江戸城 将軍家の生活』中央公論社、『戦況図録大坂の陣』『総図解 よくわかる 徳川将軍家』新人物往来社、『日本甲冑史 (下巻)戦国時代から江戸時代』大日本絵画、『模型でみる江戸・東京の世界』東京都江戸東京博物館、『江戸のくらしがわかる絵事典』PHP研究所、『参勤交代』吉川弘文館

【WEB】アイヌ民族博物館、アイヌ文化振興・研究推進機構、IPA独立行政法人情報処理推進機構教育用画像素材集、天草四郎メモリアルホール、江戸東京博物館、NHK教育 高校講座 日本史、NHK for school、大阪城天守閣、大阪歴史博物館、学研キッズネット、岐阜城資料館、岐阜市歴史博物館、宮内庁、国立歴史民俗博物館、小平市立図書館、消防防災博物館、東京水道歴史館、風俗博物館、深川江戸資料館、物流博物館、三菱東京UFJ銀行貨幣資料館、蘇る出島、琉球村

この本を作った人

(五十音順・敬称略)

監修……山本博文
カバー・表紙……川元利浩
まんが作画……備前やすのり
ナビゲーションキャラクター……吉崎観音

シナリオ……坂元輝弥、砂崎 良、元井朋子、森崎くるみ
シナリオ監修協力……濱田浩一郎
まんが編集協力……サイドランチ

絵で見る歴史ナビ4コマまんが……伊藤キイチ
絵で見る歴史ナビイラスト……実田くら
イラスト・図版……国田誠志、湯沢としひと

装丁……ムシカゴグラフィクス
校閲……イマジカ角川エディトリアル校閲部、エディット、はちどり、瑪瑙企画、牧野昭仁
編集協力……エディット、サイドランチ、瑪瑙企画、伊東千晴、御手洗光司、明道聡子(リブラ編集室)

【差別的表現につきまして】

角川まんが学習シリーズ『日本の歴史』には
現代では使用すべきではない差別語や差別的表現がありますが、
歴史的事実や時代的背景をなるべく正確に伝えるために
必要最小限の範囲で当時の言葉をそのまま使用しました。
編集部には差別を助長する意図がないことをご理解ください。

角川まんが学習シリーズ編集部

角《かど》川《かわ》まんが学習《がくしゅう》シリーズ

日《に》本《ほん》の歴《れき》史《し》 9

江《え》戸《ど》幕《ばく》府《ふ》、始《し》動《どう》 江《え》戸《ど》時《じ》代《だい》前《ぜん》期《き》

監修《かんしゅう》 山本博文《やまもとひろふみ》
カバー・表紙《ひょうし》 川元利浩《かわもととしひろ》
まんが作画《さくが》 備前《びぜん》やすのり

2015年 6月30日 初版発行
2017年 6月10日 第19刷発行

発行者 郡司 聡
発行 株式会社KADOKAWA
〒102-8177 東京都千代田区富士見2-13-3
(電話)03-3238-8521(カスタマーサポート)
http://www.kadokawa.co.jp/
印刷・製本 共同印刷株式会社

ISBN978-4-04-101516-2 C8321 N.D.C.210 224p 19cm

松前藩《まつまえはん》

場所《ばしょ》：蝦夷《えぞ》　城《しろ》：松前城《まつまえじょう》　藩格《はんかく》：外様《とざま》
石高《こくだか》：1～3万石《まんごく》
名産《めいさん》：さけ、こんぶ、にしん、毛皮《けがわ》など
特色《とくしょく》：①江戸時代《えどじだい》、米《こめ》が取《と》れなかったただ一つの藩《はん》だった。
②アイヌとの独占交易《どくせんこうえき》は幕府公認《ばくふこうにん》。
③北前船《きたまえぶね》で名産《めいさん》のこんぶやにしんを運《はこ》び、各地《かくち》と積極的《せっきょくてき》に交流《こうりゅう》。

▲松前城《まつまえじょう》は北方防衛《ほっぽうぼうえい》の前線基地《ぜんせんきち》でもあった

紀州藩《きしゅうはん》

場所《ばしょ》：紀伊《きい》　有名藩主《ゆうめいはんしゅ》：徳川吉宗《とくがわよしむね》・徳川慶福《とくがわよしとみ》（家茂《いえもち》）
城《しろ》：和歌山城《わかやまじょう》　藩格《はんかく》：御三家《ごさんけ》　石高《こくだか》：55万石《まんごく》
名産《めいさん》：紀州《きしゅう》みかん、寒天《かんてん》、碁石《ごいし》
特色《とくしょく》：①将軍家《しょうぐんけ》に次《つ》ぐ地位《ちい》「御三家《ごさんけ》」の一つ。
②二人《ふたり》の将軍《しょうぐん》を出《だ》した名門《めいもん》。
③紀伊国屋文左衛門《きのくにやぶんざえもん》が名産《めいさん》のみかんで大《おお》もうけ！

▲甘《あま》いみかんは今《いま》も昔《むかし》も紀州《きしゅう》の名産品《めいさんひん》